Meike Winnemuth

Um es kurz zu machen

Über das unverschämte Glück, auf der Welt zu sein

Verlagsgruppe Random House FSC® N001967

1. Auflage 2017
Copyright © 2015 by Albrecht Knaus Verlag, München,
in der Verlagsgruppe Random House GmbH,
Neumarkter Straße 28, 81673 München
Umschlag: Cornelia Niere,
nach einem Entwurf von FAVORITBUERO, München
Umschlagfoto: © Gunter Glücklich Fotografie
Innenillustrationen: © Inka Hagen
Satz: Buch Werkstatt GmbH, Bad Aibling
Druck und Bindung: GGP Media GmbH, Pößneck
Printed in Germany
ISBN 978-3-328-10136-9
www.penguin-verlag.de

Dieses Buch ist auch als E-Book erhältlich.

Inhalt

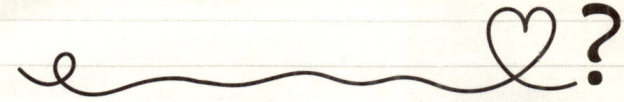

LIEBEN

Lieben ... also wirklich! Wollen wir wirklich ausgerechnet mit diesem ausgelatschten Begriff beginnen? Ginge es nicht eine Nummer kleiner? Denn es ist ja tatsächlich so, dass derzeit alles, was früher nur gemocht wurde, heute mit dem Begriff Liebe geadelt wird. »Ich liebe Spaghetti.« »Ich liebe das Dschungelcamp.« »Ich liiiiiebe Yoga.« Kann man machen, klar. Aber sollte man sich nicht ein paar Euphoriestufen aufheben für wirklich Wichtiges?

Auch in den folgenden Texten geht es vornehmlich um Liebesobjekte aus dem Reich des Banalen: um sterbende Autos, Wärmflaschen und Bahnhöfe, um Patagonisches Eisenkraut und männliche Unterarme (behaart!), um heimliche Tränen im Kino und Tage am Meer.

Es geht aber auch darum, gerade dieses Kleine, Nebensächliche liebevoll zur Kenntnis zu nehmen. Es zu bemerken, sich dran zu freuen.

Es zu lobpreisen. Und damit das Großeganze, das Leben, das uns all dieses wunderbare Kleinzeug auf dem Silbertablett serviert, gleich mit. Denn könnte es nicht vielleicht so sein, dass all diese Antipasti sich am Ende als Hauptmahlzeit entpuppen?

Wenn man immer nur auf das große Ding wartet, das den Begriff »Liebe« verdient, sind all die liebenswerten, entzückenden, albernen, rührenden Momente einfach so vorbeigeflitzt und ungeliebt verpufft.

Entzückend!

Eine meiner Lieblingsmalerinnen ist die New Yorkerin Maira Kalman, die viele Titelbilder meiner Lieblingszeitschrift *New Yorker* gestaltet und lange eine Online-Kolumne meiner Lieblingszeitung *New York Times* geschrieben und gemalt hat. (Völlig richtig geraten, New York ist eine meiner Lieblingsstädte.) Als eines meiner Lieblingsmuseen, das Cooper-Hewitt, nach langer Renovierung wieder öffnete, wurde Kalman gebeten, ihre Lieblingsstücke aus der umfangreichen Sammlung auszusuchen und zu präsentieren.

Es waren Dinge, die bei ihr einen »gasp of delight« auslösten, wie sie schreibt, die sie vor Entzücken nach Luft schnappen ließen. Entzücken ist ja eines der Wörter, die so aus der Mode gekommen sind, dass sie nur noch zu Ironie taugen, aber wenn man sich Kalmans Auswahl anschaut, kann man nicht anders, als seinerseits entzückt zu sein: eine ägyptische Stickerei mit dem Porträt eines wahnsinnig schlecht gelaunten Herrn, ein griechischer Kantharos-Becher mit Schlaufenhenkeln, eine glühbirnenförmige Tischlampe von Ingo Maurer, eine Sèvres-Tasse, ein Glas von Lobmeyr und so weiter. Anlässlich der Ausstellung hat Maira Kalman ein neues Buch gemalt, »My Favorite Things«, in dem es um diese und andere Lieblingsdinge geht, um Betten, Leitern, kaputte Stühle, Nickerchen unter Bäumen und die Hose von Arturo Toscanini, die sie auf einer Auktion ersteigert hat.

11

Seitdem begegnen mir überall andere Listen mit Lieblingsdingen: Der Astronaut Alexander Gerst nannte Pizza und den Geruch von Herbstwald als das, was er im Weltall am meisten vermisst habe. Der französische Philosoph Roland Barthes schrieb eine entzückende Liste, auf der sich flache Kissen, zu kaltes Bier, Toast, frisch gemähtes Gras, Händel, langsame Spaziergänge, Birnen, Twombly, Brecht, Verne, lose politische Überzeugungen und Kleingeld finden. Die amerikanische Essayistin Susan Sontag listete unter anderem Venedig, Tequila, Trommeln, Nelken, Socken, rohe Erbsen, grobes Salz, große langhaarige Hunde, Stummfilme, Streifen, Brücken, Dürer und Rolltreppen auf.

Natürlich habe ich sofort selbst damit angefangen, Lieblingsdinge zu notieren. Dinge, die ich aus einem brennenden Haus retten würde

(meine kleine Goethe-Büste, auf der wunderbarerweise »Goehte« eingraviert ist, ein Kopftüchlein mit Pudeln drauf, das ich als Kind getragen habe, einen Plastiksparschäler mit Wellenschliff aus Bangkok), und Dinge, die bei mir immer wieder einen *gasp of delight* auslösen. Dill. Zimt. Blau. Shazam. Gummistiefel.

Dickes Stanniol um Weinflaschenhälse. Kiesel. Kohlmeisen. Granatäpfel. Nachmittage. Der Öjendorfer Park an einem sonnigen Herbsttag. Das Gefühl von reifen Pfirsichen unter prüfenden Fingerspitzen. Platanen. Rittersporn. Patagonisches Eisenkraut. Bahnhöfe. Dass die Pfoten meines Foxterriers wie Popcorn riechen. Quallen, aber nur in Aquarien. Dry Martinis in der Wiener Loos-Bar. Wärmflaschen. Gießkannen. Mit Rückenwind den Berg runterradeln. Goldberg-Variationen, von Glenn Gould gespielt. Überlange Daunendecken. Münzen mit Loch in der Mitte. Holzplankenwege durch Dünen. Backsteinkirchen, in denen Schiffsmodelle von der Decke hängen.

Irgendjemand sagte mal, wir bestehen aus den Dingen, die wir an uns heranlassen. Wenn man erst mal angefangen hat, die alle aufzulisten, ist die Welt plötzlich voller Lieblingsdinge. Und voll Entzücken. Ich habe keine Ahnung, wofür oder wogegen das eine Therapie ist, aber es ist eine verdammt gute.

Kompliment!

Heute Morgen bin ich darauf gekommen, dass ich möglicherweise schuld bin am Untergang des Abendlandes.

Nicht wegen hartnäckiger Kinderlosigkeit, nicht wegen gelegentlichen Schwarzfahrens (»Eben war der Fahrschein noch da, ehrlich«), sondern weil ich keine Komplimente annehmen kann. Wenn mir jemand was Nettes sagt, antworte ich vollautomatisch: »Quatsch, ich muss dringend mal wieder zum Friseur«, oder: »Ach, das olle Ding – Schlussverkauf bei H&M«, oder: »Ich hatte bloß Glück«, oder: »Wenn ich mehr Zeit gehabt hätte, ja dann wäre der Text *wirklich* gut geworden.«

Bescheidenheit, sagen Sie? Dachte ich auch immer. Immer schön den Ball flach halten, fand ich, soll nur keiner glauben, ich sei so eine, die sich was einbildet. Bis mir klar wurde: Das ist keine Bescheidenheit. Das ist eine Unverschämtheit. Jemand überreicht mir ein entzückendes kleines Geschenkpäckchen (mit Schleife!), und ich pfeffere es ihm ins Gesicht zurück. Und sage dabei auch noch: Du hast kein Urteilsvermögen, du hast keinen Geschmack, du hast keine Ahnung, denn sonst würdest du ja gemerkt haben, dass ich nur ein Würstchen bin mit zu dünnen Haaren und der Unart, immer Sätze mit Dreifachaufzählungen zu schreiben, du Depp. Ist das bescheiden? Ist das nett? Ist es nicht. Über Geschenke freut man sich und sagt »danke«, statt dem Schenkenden mit Schmackes vors Knie zu treten.

Moment, jetzt kommt noch die Sache mit dem Abendland. Der arme Mensch wird mir in Zukunft nie wieder ein Kompliment machen. Er wird vielleicht, wenn ihm so was öfter passiert mit Frauen (Sie sind doch auch so eine, oder?), überhaupt keine Komplimente mehr machen. Er wird, wie das mit Teufelskreisen nun mal so ist, deswegen auch selbst weniger Komplimente bekommen. Und am Ende ist die ganze Welt ein einziges Hamburg, wo alle steif und stumm nebeneinander herleben und sich höchstens noch erzählen, wie mies doch die Stimmung sei. Die Erde wird ein paar Grade kälter werden, und wir haben es wieder mal verbockt.

Deshalb lautet mein Plan zur Rettung der Welt: lächeln. Nicken. Danke sagen. Und das Geschenk erwidern. »Danke, das freut mich zu hören.« – »Wie nett von dir, das ist meine Lieblingsfarbe.« – »Das ist das Schönste, was man mir seit Langem gesagt hat.«

Wichtig dabei: Es gibt keine unverdienten Komplimente. Schön, es war der Friseur und nicht ich, aber *ich* habe ihn ausgesucht. Es unterscheidet die Lebens-Profis von den Lebens-Dilettanten, dass sie sich manchmal auch für etwas feiern (und feiern lassen), wofür sie nicht geschuftet haben. Es wird auch wieder andere Momente geben: Man ist toll, und kein Schwein guckt.

Toller Text? Ach, das olle Ding. Wenn ich mehr Zeit gehabt hätte, ja dann …

Das Loben der Anderen

Es ist so verdammt einfach, die Welt blöd zu finden. Die Bahn hat schon wieder Verspätung, der Kaffee ist zu teuer, wieso macht sich die Kuh so breit auf dem Sitz? Und was hat der Typ bloß für ein unmögliches Hemd an! Es gibt nicht wenige Menschen, die sich glücklich jeden Tag versauen, indem sie diesen leicht säuerlichen, schmaläugigen Blick auf ihre Umgebung werfen, fast schon auf der Lauer nach Dingen, die sie ärgern oder wurmen könnten. Das Wetter, die Politik, das plärrende Kind – wie nervig! Und wie herrlich, sich darüber aufzuregen!

Wir leben in einer Kritikgesellschaft, einer ausgesprochenen Meckerkultur. Schon in der Schule ging es vor allem darum, Fehler anzustreichen: Nicht das Gelingen wird belohnt, sondern das Scheitern bestraft. Wenn etwas gut läuft, scheint das nicht weiter der Rede wert. Oder wie der Psychiater Fritz Simon sagt: »Das deutsche Prinzip lautet: Solange alles funktioniert, gibt es keine Reaktion. Nicht geschimpft ist gelobt genug.«

Dass es auch anders geht, habe ich gelernt, als ich für ein paar Monate nach Brooklyn zog. Die New Yorker sind Meister des beiläufigen Lobens, des Kompliments im Vorübergehen. »Great pedicure, honey«, sagt eine Frau beim Blick auf meine Füße und ist schon um die nächste Hausecke verschwunden. »I like your shirt«, höre ich in der U-Bahn, »excellent choice«, sagt der Buchhändler, wenn ich ihm den neuen Ian McEwan auf den Kassentisch lege. Dieses dauernde wohlwollende Kommentieren war für mich zuerst ein Schock, die klassisch deutsche Reaktion ein misstrauisches »Was wollen die von mir?«. Die Antwort: nichts. Die sagen

nur, was ihnen gefällt. Und das macht allen Beteiligten unwahrscheinlich gute Laune: Diejenigen, denen was Schönes auffällt, freuen sich drüber, diejenigen, denen es gesagt wird, noch viel mehr. Eigentlich ganz einfach.

In Deutschland dagegen haben Komplimente fast immer den Beigeschmack manipulativer Unehrlichkeit. Lob scheint hier lediglich Mittel zum Zweck zu sein – und grundsätzlich nur von oben nach unten erfolgen zu dürfen. In Lobratgebern für Eltern und Führungskräfte wird der korrekte Einsatz von Lob zur Leistungssteigerung, zur »Wertschöpfung durch Wertschätzung« (zynische Managementtrainer sprechen gern vom Milka-Effekt – glückliche Kühe geben mehr Milch …) oder als pädagogisches Instrument gelehrt: Bitte stets die Leistung, nicht die Person loben, und bitte immer hübsch angemessen, nicht zu viel, nicht zu wenig. Das Ganze läuft dann auch noch gern unter dem gruselig seelenlosen Begriff »Feedback«. Kein Wunder, dass wir ein derart verkrampftes Verhältnis zum Lob haben – und dass gleichzeitig der Frust über fehlende Anerkennung hier gut doppelt so groß ist wie im europäischen Durchschnitt, wie eine Studie kürzlich ergab.

Seit Brooklyn habe ich mir jedenfalls angewöhnt, alles Schöne und Gelungene ganz ohne irgendwelche Absichten zu kommentieren. Dafür gibt es jeden Tag hundert Gelegenheiten. Einer Supermarktkassiererin sage ich: »Unglaublich, wie schnell Sie sind«, einer Frau im Café neben mir, was für tolle Schuhe sie hat, einem Mann in seinem Vorgarten, wie schön seine Rosen sind; ein Autofahrer, der mich einfädeln lässt, bekommt ein Winken. Viele reagieren verunsichert, einige wenige fühlen sich fast unsittlich belästigt, aber die große Mehrheit freut sich einfach nur, ebenso wie ich. Denn das Loben der anderen betreibe ich aus völlig egoistischen Motiven: Erst mit freundlichem Blick auf die Welt stellt man fest, wie großartig sie eigentlich ist, wie viel täglich klappt, wie schön das Leben in all seinen Kleinigkeiten ist. Das bedeutet natürlich nicht, dass ich ständig mit seligem Lächeln durch die Straßen hüpfe. Bitte! Ich bin Norddeutsche! Wir hüpfen aus Prinzip nicht. Aber das genaue Hinschauen (und das tollkühne Aussprechen, wenn man sich über etwas freut) sorgt für ein warmes, flauschiges Gefühl der Zufriedenheit, das sonst auf legalem Weg nur schwer zu erreichen ist. Müssen Sie unbedingt mal probieren.

Und: Danke, dass Sie diesen Text bis hierher gelesen haben. Leser wie Sie kann man sich nur wünschen. (Ah, das tat gut.)

Über männliche Unterarme

Ich war mal in einen Mann verliebt, den ich eigentlich nicht sonderlich attraktiv fand. Er war fassförmig, hatte einen rötlichen Bart und blasse, wimpernlose Augen. Das Beste, was ich über ihn sagen konnte, war, dass er nicht Boris Becker war.

Aber dann fuhr ich eines Tages mit ihm Auto. Er kurbelte das Fenster herunter (ganz recht: er kurbelte. Dazu

18

kommen wir später), er legte seinen kräftigen Arm auf die Laibung, und die Haare auf seinem Unterarm leuchteten im Gegenlicht der Spätnachmittagssonne wie gesponnenes Gold. Er klopfte mit den Fingern den Takt zu einem Autoradiolied, und unter den goldenen Haaren bewegten sich feine Muskelstränge, die ehrlich verdient waren, weil sie vom Holzhacken und nicht vom Hantelheben stammten.

Gott sei Dank saß er am Steuer, ich hätte nämlich Mühe gehabt, die Augen auf der Straße zu behalten. Es war der verdammt noch mal schönste Unterarm, den ich je gesehen habe, und er hatte gleich zwei davon. Und er präsentierte sie auf die bestmögliche Weise: in weißen aufgekrempelten Hemdsärmeln, nicht zweimal umgeschlagen wie bei Präsidentschaftskandidaten und Vorstandsvorsitzenden, die locker wirken wollen, sondern dreimal, wie es sich gehört. Er trug eine Uhr mit Lederarmband und schlichtem, nicht zu großem Ziffernblatt. Er trug sie links. Es war perfekt.

Wenn man eine Unterarmfetischistin ist wie ich, hatte man es bislang im Vergleich zu Menschen mit anderen Obsessionen relativ leicht. Die Enthaarungswelle beschränkt sich bei den dafür anfälligen Männern auf die Bereiche Brust, Rücken und primäre Geschlechtsorgane. Höchstens noch auf die Beine, wenn sie Triathleten oder etwas ähnlich Unsympathisches sind. Die Unterarme haben sie bisher in Ruhe gelassen, und selbst in mittelmäßigen Sommern bin ich eigentlich immer auf meine Kosten gekommen.

Doch seit einigen Jahren ist der Anblick eines anbetungswürdigen Unterarms seltener geworden. Ich meine diesen fast viereckigen, zupackenden, sehnigen Unterarm, der aussieht, als ob er einen mühelos retten könnte, falls man, wie das halt hin und wieder passiert, an einer Klippe über einem Abhang hinge. Ein Unterarm, der einem Halt gäbe, der alles im Griff hätte, der die Ärmel hochgekrempelt hat, der ... (setzen Sie hier Ihre Lieblingsmetapher ein, Sie wissen genau, was ich meine).

Das Problem ist: Der Unterarm verkümmert. Männer haben elektrische Fensterheber in ihren Autos und gepolsterte Lenkräder, Gurkengläser öffnen sie mit kraftübertragendem Spezialgerät. Neuerdings benutzen sie kleine ergonomische Kissen vor der Computertastatur, um eine Sehnenscheidenentzündung zu vermeiden. Die meisten, die ich kenne, könnten sich an einer Klippe circa so lange halten wie ich, nämlich gar nicht, und eine Kartoffel bestenfalls in die Hand nehmen – von Zerquetschen keine Rede. Nichts haben sie mehr im Griff außer Golfschläger (und, so vermute ich, gelegentlich ihr von Haaren freigelegtes primäres Geschlechtsorgan), es entgleitet ihnen alles. Das Armdrücken am Kneipentisch, für Unterarm-Voyeure befriedigender als jeder Trikottausch, ist ebenfalls aus der Mode gekommen.

Und nun? Nun kann ich nur die Hände falten und hoffen, dass die Vernunft den Männern irgendwann sagt, wie viel lohnender es ist, an ihren Unterarmen zu arbeiten als an ihren Sixpacks. Wer sieht die schon im Alltag? Ein beiläufig hochgekrempelter Ärmel in einem Meeting hingegen... oh my.

Das Hochkrempeln ist übrigens essenziell für die Wirkung. Verboten sind karierte Kurzarmhemden, gestreifte Kurzarmhemden, weiße Kurzarmhemden … machen wir's kurz: alle Kurzarmhemden. Verboten sind Tanktops. Problematisch sind T-Shirts. Der letzte Mann, der im T-Shirt gut ausgesehen hat, war Marlon Brando in »Endstation Sehnsucht«, aber man kann es natürlich gern mal wieder probieren.

Und wenn wir schon beim Träumen vom perfekten Unterarm sind: Schön wäre eine Narbe in Ellbogennähe, gern von einem Armbruch (möglichst kein Duschunfall, idealerweise eine Jugenddummheit). Der sollte schon einiges mitgemacht haben, dieser Arm, und das sollte man ihm auch ansehen.

Die Kraft und die Herrlichkeit, die sieht man ja sowieso.

Am Meer

Wenn es mir mies geht, wenn ich nicht mehr weiter weiß, wenn ich eine wichtige Entscheidung treffen muss, wenn ich mal wieder an allem zweifle – mit anderen Worten: in allen nur denkbaren Lebenskrisen –, fahre ich ans Meer. Ich pflege meine Krisen verlässlich in der Zeit von November bis März zu haben, das Meer kenne ich also fast nur in seiner schönsten Version: ohne Menschen in Badehosen, ohne Kitesurfer und ohne Kurtaxe. Meist genügt ein Wochenende, an dem ich dick eingepackt endlose vergrübelte

Strandwanderungen in Gummistiefeln mache, mir dabei von Herzen leidtue und ein bisschen vor mich hin heule. Was nicht weiter auffällt, es ist ja eh keiner da und mir peitscht der Schneeregen sowieso horizontal ins Gesicht. Am Ende des zweiten Tages habe ich in der Regel meinen Halleluja-Moment wie den vor ein paar Jahren, als ich, frisch von der Liebe meines Lebens verlassen, nach vier Stunden Gewaltmarsch an der Westküste des Darß hysterisch lachend in den Sand fiel. Weil plötzlich alles ganz einfach war: Na klar! Ich bin frei! Ich werde für ein paar Monate nach New York ziehen! Das wollte ich schon immer, und jetzt kann ich es!

»Das Meer reinigt uns von allen Krankheiten«, hat Euripides vor gut 2500 Jahren geschrieben, und daran hat sich bis heute nichts geändert. Über die Heilkraft des Meeres ist in den letzten Jahrzehnten viel geforscht worden, von der Thalassotherapie über den Einsatz von entspannenden Brandungsgeräuschen bei der Zahnarztbehandlung bis zur Verwendung von Meerwasser in Schnupfensprays ist bekannt, was die Verbindung von Salz und Mineralien, Kälte und Aerosolen alles bewirken kann. Meeresrauschen wird bei Meditationsübungen eingesetzt, das gleichmäßige Kommen und Gehen der Wellen entspricht dem des Atems. Am Meer atmet man automatisch langsamer und deshalb tiefer. Der Blutdruck sinkt, der Puls gleich mit, das Hirn wird durchgepustet, der Kopf freigespült.

Aber es ist noch etwas anderes, das mich immer wieder ans Wasser zieht, wenn mir eng ums Herz ist: Es wirkt wie

ein Radiergummi auf
mich. Ich gucke mir
die unendliche Wei-
te an, das große Blau,
und ich denke: Vor
mir liegt ein Ozean
an Möglichkeiten. Da
geht was – und zwar
immer mehr, als ich
mir überhaupt vorstel-
len kann. Wie der große

Philosoph Udo Lindenberg sagt: Hinterm Horizont geht's
weiter. Ich schaue aufs Meer und entdecke das Meer in
mir – die Ruhe, die Kraft, die Freiheit und oft genug auch
das Abenteuer.

Ich bin im Norden aufgewachsen, wahrscheinlich ist das
Meer deshalb mein Breitbandtherapeutikum. Menschen
aus dem Süden gehen vielleicht eher in die Berge, andere
in den Wald. Ich glaube, jeder hat seine eigene Seelenland-
schaft, eine, die zu ihm spricht, die ihm was Wichtiges zu
sagen hat. So einen Ort zu haben, an den man jederzeit
zurückkehren kann wie zu einer Kur, ob tatsächlich oder
in Gedanken, ist unendlich tröstlich. Ein Freund schickte
mir neulich den Link zu einer Website, www.donothing-
for2minutes.com. Darin geht es nur darum, ruhig vor dem
Computer zu sitzen und absolut gar nichts zu tun, während
man für zwei Minuten dem Meeresrauschen zuhört. Wenn
man vor Ablauf dieser Zeit die Maus oder die Tastatur an-

rührt, beginnt der Countdown von vorn. Zwei Minuten, lächerlich kurz, oder? Nein, unfassbar lang. Denn plötzlich saß ich wieder am Meer, und alles war möglich.

Unter die Räder gekommen

Ich hatte mir vorgenommen, nicht zu heulen, wenn es so weit wäre. Ich würde es hinter mich bringen wie eine Frau. Aufrecht, würdevoll, gefasst. Irgendwann müsste das Unvermeidliche passieren, und ich würde gerüstet sein.

Das Unvermeidliche passierte. Ich war nicht gerüstet. Es war auf der A5 zwischen Baden-Baden und Freiburg, 700 Kilometer fern der Heimat. Plötzlich brüllte der Motor, er stotterte Traktorgeräusche, der Wagen verlangsamte sich, ich rechts raus, mit letzter Kraft auf einen Autohof gerettet. Öl überprüft, das war es nicht, ADAC angerufen. Der kommt nach einer Stunde und guckt mitleidig. »Sieht nicht gut aus. Ich schleppe Sie in eine Werkstatt, die sollen sich das mal angucken.« Drei Jungs bauen sich um die geöffnete Haube auf, lassen sich von mir den Motor vorspielen und winken nach einer Sekunde mit gepeinigten Gesichtern ab. »Lagerschaden. Pneuelstange. Neuer Motor lohnt sich nicht. Gebrauchtmotor gibt es für den selten bis nie.« Und das heißt? »Tja.« Tja? »Verschrotten.«

Wie jetzt, verschrotten? Entschuldigung, aber: *Verschrotten?* Das ist mein Auto, das kann man gar nicht verschrotten. Das Wort ist im Zusammenhang mit diesem Wagen verboten. Seit knapp 14 Jahren fahre ich ihn, einen Öko-Lupo 3 L, ein Modell, das VW 2005 aus der Produktion genommen hat. Nicht mein erstes Auto, aber die längste Beziehung meines Lebens. Mein Gott, was wir alles … – nein, ich sage jetzt nicht »wir«, das wäre zu peinlich.

Doch: wir. Wirwirwir. Elf Umzüge (wenn man nur die innerhalb von Deutschland zählt), fünf bis sieben Jobwechsel (je nachdem, wen man fragt), drei bis vier Lebensplanungswechsel (dito) – und die einzige Konstante war dieses tapfere kleine Ding, das mich oft genug zum Wahnsinn getrieben hat, weil die Fensterkurbel immer abbrach und die Heizung sich zuletzt Zeit mit dem Heizen ließ. Seit zehn Jahren

ist die Rückbank dauerumgelegt, der Lupo hat Weinkisten, Truthähne, Ikea-Gartenliegen, Gummistiefel und Hundeboxen transportiert, oft alles gleichzeitig.

Plötzlich ging alles ganz schnell. »Hier müssen Sie unterschreiben für den Verschrottungsauftrag.« Ich tat es unter Tränen. »Elf Euro fürs Abmelden. Brauchen Sie einen Leihwagen?« Einen Leihwagen? Ich brauche einen Leihlaster. Ein Frauenauto auszuräumen ist wie eine Haushaltsauflösung. Quälend, sentimental, ein archäologisches Großunternehmen, das ein sorgfältiges Abtragen von Sedimentschichten erfordert. Geöffnete und ungeöffnete Briefe aus 14 Jahren, eine Picknickdecke von 2002, ein Dutzend leere Coke-Zero-Flaschen, im Handschuhfach Puder und Lieblings-Lippenstifte (die auch nicht mehr hergestellt werden; als ob ich nicht schon deprimiert genug wäre), Falk-Stadtpläne von Bremen und Berlin. Berlin gibt es in dieser Form nicht mehr, Stadtpläne sind vom Navi hinweggefegt. Mein Auto hat von allen am längsten durchgehalten.

Das Schlimmste ist, dass ich jetzt einen neuen Wagen brauche. Es ist, als ob man nach langjähriger Ehe wieder beginnen müsste zu daten. Ich hatte das perfekte unperfekte geliebte Auto, ich will kein anderes. Die neuen Autos gucken alle so fies, ist Ihnen das im Rückspiegel schon mal aufgefallen? Diese unsympathischen Frontscheinwerfer mit LED-Augen wie aus Horrorfilmen? In so was Gruseliges setze ich mich doch nicht rein.

Das Letzte, was ich aus dem Lupo räumte, war ein kleiner Plastikwolf, hinterlassen vom Sohn einer Freundin, der ich den Wagen ein Jahr lang geliehen hatte. Dieses Plastikwölfchen ist jetzt mein einziger Trost. Nach kurzer, schwerer Krankheit verstarb am Mittwoch mein geliebtes Auto in Achern-Gamshurst. Es hat nicht leiden müssen. Ich umso mehr.

Gegen die Achtsamkeit

Nach dem Tod meines Autos (schönsten Dank übrigens für die vielen Beileidsbekundungen, zu 99 Prozent von Frauen – was mal wieder meine These stützt, dass Männer, diese selbst ernannten Autokenner und Autofreaks, Autos in Wirklichkeit kein bisschen lieben, sondern nur Drehzahlen, Luftliefergrade und Schwingrohraufladungen) … ähm, Entschuldigung, wo war ich? Ach so: Nach dem Tod meines Autos fahre ich viel U-Bahn. Ich dachte ja immer, im Auto ist man allein, doch noch alleiner ist man in der U-Bahn. Dieses angestrengte Aneinandervorbeigucken, dieses ostentative Desinteresse am Menschen, mit dem man Schulter an Schulter sitzt, dieses Gefühl der Belästigung durch alle anderen … Kann ja sein, dass der ÖPNV in Hamburg noch mal einen Zacken härter ist als im Rest der Nation, aber der Grad an Verkapselung und Abschottung, der inzwischen erreicht ist, hat mich doch verblüfft. Vor Jahren konnte man zumindest noch die Musik der anderen mithören, die aus den iPod-Kopfhörern summte, und ihre liegen gebliebenen Zeitungen lesen. Heute haben sie alle fette schallgedämmte DJ-Kopfhörer auf, es soll nichts nach draußen dringen und nichts nach drinnen. Würde man einen Alien in einen U-Bahn-Wagen setzen, würde er denken, die Menschen ertrügen einander nicht und sehnten sich geradezu verzweifelt nach dem Alleinsein. Nichts möchten sie weniger sein als: da. Präsent, ansprechbar, teilhabend, anwesend.

All das wäre nicht weiter schlimm, wenn der geordnete Rückzug in die Abwesenheit nicht inzwischen zum großen Mantra geworden wäre. Ständig stößt man auf Magazingeschichten über das Lob der Ruhe und der Meditation, gern illustriert mit Fotos einsamer Menschen, die mit geschlossenen Augen Räucherstäbchen abbrennen, japanische Schriftzeichen tuschen oder Yoga im Wald machen. Alles lohnende Beschäftigungen, keine Frage, und trotzdem finde ich es irritierend, dass die Leere im Kopf seit Neuestem zum erstrebenswerten Zustand geworden ist, zum Rezept gegen sämtliche zivilisatorischen Maleschen. Was ist plötzlich so falsch an einem prall gefüllten Kopf, berstend von Gedanken, gern auch widersprüchlichen, unbedingt auch nebensächlichen? Sind wir wirklich gewappneter für diese schmuddelige Welt, wenn das Hirn wie ein frisch gemangeltes weißes Laken in der sanften Brise ewiger Glückseligkeit flattert? Ich mochte diese Kapitulationsfahnen noch nie, diese gehisste Leere, diese träge Strategie, die Kompliziertheit der Welt durch Einfachheit und Entziehung zu besiegen oder zumindest zu begreifen. Schön wär's ja, aber das Leben ist nun mal selten simpel und schon gar nicht mit dem geistigen Äquivalent eines Faustkeils zu bewältigen.

Aber fein, wenn es hilft, sollen die Leute halt atmen. Geradezu aggressiv allerdings macht mich das Modewort »Achtsamkeit«, denn Unachtsameres als die hingebungsvolle Konzentration auf den eigenen Atem und die eigene Befindlichkeit kann es kaum geben. Nirgendwo in den vielen Anleitungen zur Achtsamkeit habe ich je gelesen, dass sie sich doch bitte freundlicherweise auf das richten sollte, was das ärgerlicherweise immer noch vorhandene Gegenüber sagt oder fühlt. Die ungeteilte Aufmerksamkeit für den anderen, »die seltenste und reinste Form von Großzügigkeit«, wie Jonathan Safran Foer in einem traurigen Artikel für die *New York Times* schrieb, ist inzwischen die Ausnahme, nicht die Regel. Und deshalb, um zum Anfang zurückzukommen: Danke für die Anteilnahme, danke für die Empathie, auch wenn es nur ein dummes kleines Auto war. Ich weiß es wirklich sehr zu schätzen. 99 Prozent Frauen – ach, sicher nur ein Zufall.

Wasser marsch: Über das Weinen im Kino

Also, diese Stelle in »Die Brücken am Fluss«, fast am Schluss. Wo sie sich eigentlich schon getrennt haben, Meryl Streep und Clint Eastwood. Sie sind füreinander bestimmt, und doch bringt sie es nicht über sich, ihre langweilige Hillbilly-Familie zu verlassen, um mit ihm all ihre Träume zu verwirklichen. Traurig, aber es wird noch besser. Sie fährt mit ihrem Hillbilly-Mann in die Stadt. Es regnet. Sie sieht Clint in seinem Pick-up-Truck. Er hat gerade Vorräte gekauft, um endgültig die Gegend zu verlassen. Er schwenkt in die Straße ein, fährt vor ihr und ihrem Mann. Hält an einer Ampel. Hängt die Halskette mit dem Kreuz, die sie ihm geschenkt hat, an den Rückspiegel. Ein

Zeichen. Er weiß, dass sie im Wagen hinter ihm sitzt. Sie muss nur aussteigen und sich in sein Auto setzen und mit ihm ins Happy End fahren. Sie hat die Hand am Türöffner. Lange. Die Ampel springt auf Grün. Clint fährt los. Meryl bleibt zurück. Es ist zu spät, für Meryl und für mich. Die Regentropfen rinnen die Scheibe hinunter, meine Tränen treten über die Ufer, erst ganz sachte in den Augenwinkeln, dann über die volle Breitseite.

In dem Moment, in dem die ersten Tränen in den Ausschnitt rinnen, brechen meist alle Dämme. Und die Tränensturzbäche werden immer schön da oben auf der Leinwand nachgefüllt: Meryls Kinder erfahren nach ihrem Tod, welches Opfer ihre Mutter für sie gebracht hat, und verstreuen ihre Asche da, wo sie mit Clint so glücklich war. Die Musik schwillt an, meine Nase schwillt zu. Es ist großartig. Und viel zu schnell vorbei. Das Licht geht an, wir Frauen im Publikum gucken uns an und lachen ein bisschen verlegen und sagen »O Gott« und gehen aufs Klo, um die Mascararinnsale aufzufeudeln und die rote Nase zu pudern, und danach geht man erst mal was Anständiges essen.

Denn Weinen ist nichts für Weicheier. Weinen in der Öffentlichkeit ist wie Nacktsein: Man steht ohne emotionale Rüstung da. Zwar bietet die Dunkelheit des Kinos Schutz, aber trotzdem: Die Erfahrung, in einem Saal voller Wildfremder Rotz und Wasser um eine 45jährige Landpomeranze zu weinen, geht an die Substanz, da wackelt manches Selbstbild. Ist schon heftig, so den eigenen Drüsen ausgeliefert zu sein, die selbst dann nicht unter Kontrolle zu kriegen sind, wenn man den Film schon tausendmal gesehen hat. Der Todesfall in »Vier Hochzeiten und ein Todesfall« zum Beispiel – die Grabrede, o Mann. Die erwischt mich auch beim fünften Mal noch frontal. Oder die Marseillaise-Szene in »Casablanca«, wenn das ganze Lokal die Nazis niedersingt. Jedes Mal denke ich vorher, heute heule ich aber nicht, ist doch zu albern, ich kenne den Film auswendig, die Szene kann ich im Schlaf, diesmal nicht, diesmal nicht, diesmal … Verdammt.

Doch eigentlich weint man im Kino selten unter seinem Niveau. Während man im wahren Leben Tränen meist aus Selbstmitleid, verletzter Eitelkeit und anderen niederen Instinkten vergießt, weint man im Kino heroischer. Heldentod, Aufopferung, große Liebe – die Tränen im Kino sind edelherb bis zartbitter und verleihen für kurze Zeit die Illusion, man sei, wenn schon nicht zu großen Taten, zumindest zu tiefen Gefühlen fähig. Acht Euro, um sich wunderbar sensibel und irgendwie nobel zu fühlen – wirklich nicht zu viel verlangt.

Denn das Gefühl nach einem gelungenen Heulkrampf ist unbeschreiblich. Man ist leer und leise, auf angenehme Weise erschöpft und würdevoll melancholisch. Aristoteles rühmte Tragödien als reinigend, geradezu therapeutisch. All die krankmachenden Körpersäfte, so seine Theorie, würden einfach hinweggeschwemmt. Tatsächlich haben Forscher festgestellt, dass bei emotionalen Tränen (im Unterschied zu Zwiebelschneidtränen) Stresshormone abgebaut werden. Doch Produktionsfirmen sind äußerst vorsichtig

31

damit, Filme als *Tearjerker* zu verkaufen. Selbst bei größten Tragödien laufen in den Trailern immer die lustigen Szenen, um nicht von vornherein die Hälfte des potenziellen Publikums in die Flucht zu schlagen: die Männer.

Männer weinen ja nicht, sondern haben was im Auge. Brillen beschlagen, Adamsäpfel heben und senken sich, Kinne zittern, aber heulen, nein, ums Verrecken nicht. Der vermutlich erste Film, bei dem es für Männer in Ordnung ging zu weinen, war »Der Club der toten Dichter«. Der Film hat es geschafft, Sensibilität heroisch zu machen, und befolgte außerdem Gesetz Nummer eins aller Männer-Schinken, aller Bruder-, Buddy-, Baseball-, Boxer-, Internats- und Kriegsfilme, dass nämlich um Himmels willen keine Frau mitspielt.

Ansonsten werden geschlechtsübergreifend immer wieder dieselben goldenen Regeln angewendet. 1. Weinen ist leichter, wenn jemand auf der Leinwand weint. 2. Weinen ist schöner, wenn man vorher gelacht hat. Daran halten sich alle Klassiker unter den Tränentreibern von »Zeit der Zärtlichkeit« bis »The Way We Were«.

Das Schöne am Weinen ist, dass es verlässlicher und unerschütterlicher ist als Lachen. Bei mir reichte es jahrelang, im Céline-Dion-Video von »My heart will go on« nur den Bruchteil einer Sekunde jener »Titanic«-Szene zu sehen, wo das alte Paar sich aneinandergeschmiegt zum Sterben in die Koje legt, um selbst in irgendwelchen Cafés, wo MTV lief, in Tränen auszubrechen. Also, wenn ich jetzt gerade daran denke … Entschuldigung, es geht schon wieder los.

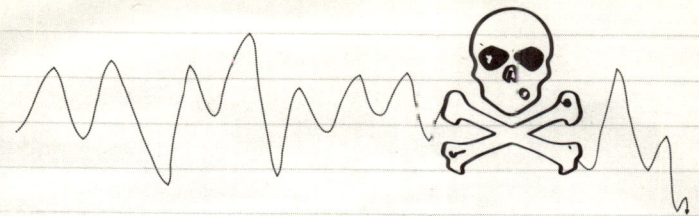

HASSEN

Hassen, also wirklich! Geht es nicht eine Nummer kleiner ... halt, das hatten wir ja schon mal. Aber tatsächlich ist auch der Hass ein Wort, das schnell benutzt und selten so gemeint ist. Hasssss – das macht doch gleich aus jeder Parkplatzstreiterei eine Verdi-Oper, das erhebt geringfügiges Alltagsgegrummel in tragische Höhen, in denen es, seien wir ehrlich, selten was zu suchen hat.

Dabei gibt es doch so vieles, über das man sich aufregen kann. Junggesellinnenpartys! Öffentliches Pickelausquetschen! Bescheidwissertum! Lebkuchen im September! Badewannen mitten in Hotelzimmern! Sylt! Einzeln alles erträglich (wenn auch nur mühsam), aber in seiner Geballtheit ein sicheres Indiz, dass es eine Hölle gibt und dass wir in ihr leben.

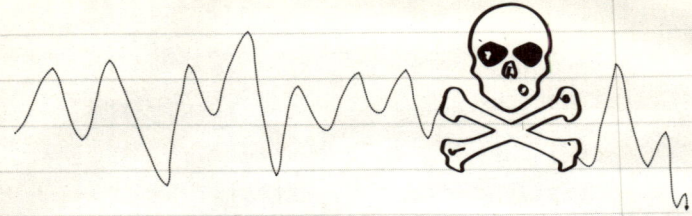

Oder – Moment mal – handelt es sich hier nicht doch eher um unser verblüffend effektives Talent, aus allem eine Hölle zu machen? Die Doofen, das sind immer die anderen. Zumindest so lange, bis wir eines Tages selbst zu diesen anderen gehören. Es genügt ja schon, vom Auto aufs Rad umzusteigen, um plötzlich alle Autofahrer zu hassen, oder vom Rad aufs Auto, um die Radler zu verdammen. Hass ist also immer eine Frage der Perspektive und der Tageslaune.

Deshalb geht es in den folgenden Texten auch eher um ein rhythmisches Kopfschütteln. Kann doch nicht sein, dass wir uns das Leben so schwer machen. Darf doch nicht sein, wie leicht es uns immer wieder fällt, genau das doof zu finden, was wir zufällig gerade nicht sind oder tun.

Die Hölle, das sind immer die anderen

Hatte ich erwähnt, dass ich wieder angefangen habe zu laufen? Bestimmt habe ich das, das mache ich derzeit ständig, aus demselben Grund, aus dem Kettenraucher verkünden, das Rauchen aufgeben zu wollen: Sozialkontrolle. Gruppendruck. Kollektivpeitsche. Ach danke, dass Sie fragen, ja, es geht voran. Und nein, ich bin dann doch bei den alten Schuhen geblieben. Optionsparalyse. Manchmal ist die beste Entscheidung, keine zu treffen.

Wie auch immer: Ich bin also wieder Teil einer gesellschaftlichen Unterabteilung, Mitglied einer Gruppe, die sich bei der Ausübung ihres Gruppendings grüßen, und sei es mit einem Kopfnicken. Ich bin jetzt wieder Läufer. (Echte Läufer, die vor dem Frühstück zehn Kilometer runterreißen, während ich mich nach 500 Metern keuchend an einen Baum kralle, mögen das anders sehen, aber bitte.) Die Mitgliedschaft kommt mit klein gedruckten Auflagen: Läufer mögen gefälligst keine Nordic Walker und keine Hunde. Bin ich dabei: Hunde laufen mir vor die Füße und annektieren den Baum, an dem ich gerade kollabieren wollte, Hunde nerven. Das denke ich natürlich nur genau so lange, wie ich jogge. Höre ich auf zu joggen, bin ich wieder Hundebesitzerin und mag in dieser Funktion keine Jogger. Vor allem diejenigen nicht, die keine Hunde mögen und meinen Foxterrier einen Scheißköter schimpfen, obwohl er doch nun wirklich nichts getan hat. Außer über den Weg zu laufen.

Es ist die alte Schizophrenie, die wir so gut aus dem Straßenverkehr kennen: Fährt man mit dem Rad, hasst man Autofahrer. Fährt man Auto, hasst man Radfahrer. Geht man zu Fuß, hasst man Auto- und Radfahrer, vor allem aber Radfahrer, die auf dem Bürgersteig fahren. Und obwohl die meisten Menschen sowohl Fußgänger als auch Autofahrer als auch Radfahrer sind (nur eben immer nur eins davon), schaffen sie es nicht, die Empörung über das, was sie zufällig zu *diesem* speziellen Zeitpunkt nicht sind, einfach mal stecken zu lassen.

Zugehörigkeitsgefühl ist ein menschliches Grundbedürfnis. In New York gab es lange einen Coffee Shop namens Rize, an dessen Kasse zwei Weckgläser für Trinkgeld standen, jeden Tag neu beschriftet. Man stimmte per Trinkgeld ab: Was ist besser, ein Welpe oder ein Kätzchen? Superman oder Batman? Apple oder Samsung? Rize ist inzwischen dicht, was nicht an den Trinkgeldern lag, die flossen in rauen Mengen: Die Leute zahlten mit Begeisterung dafür, zu X oder Y zu gehören, Teil einer identitätsstiftenden Kategorie zu sein, eines Wir. Wir Apple-Jünger, Star-Wars-Fans, Katzenliebhaber, und die anderen sind alle doof. (Das wäre übrigens mein Vorschlag gegen sinkende Wahlbeteiligung: statt Urnen Trinkgeldgläser aufstellen.)

Meinung und Zugehörigkeit ist allerdings, wie man am eigenen Leib erlebt, nicht in Beton gegossen. Wir alle sind Mitglieder so vieler Gruppen mit so vielen, oft widersprüchlichen Überzeugungen, dass es doch eigentlich um so leichter sein müsste, zumindest gedanklich die Position des anderen einzunehmen und sich klarzumachen, wie sehr die eigenen Haltungen je nach Kontext schwanken. Wenn schon nicht Empathie und Mitgefühl, dann doch wenigstens Mitdenken? Pustekuchen. Einfach schlimm, diese grölenden Fußballfans/diese herumstehenden Touristen/diese peinlichen Angetrunkenen! (Es sei denn, man ist selbst gerade beim Public Viewing/im Urlaub/auf einer Feier.)

Demnächst werde ich zum ersten Mal mit meinem Hund joggen gehen. Ein echtes Dilemma: Wen soll ich denn dann bloß verachten? Gottlob bleiben ja immer noch die Nordic Walker.

Fahrradkorbmüll

Einer der Vorteile des Älterwerdens ist, dass man den meisten Ärgernissen der Welt entspannt bis verständnisvoll gegenübersteht. Ein dreifaches OM angesichts von Leuten, die sich auch im 21. Jahrhundert immer noch »auf eine Nudel« verabreden, oder angesichts von breiten Autos, die zwei Parkplätze verdienen (zumindest nach der Überzeugung ihrer breiten Fahrer). Sogar den mittelbegabten Akkordeonspieler, der heute schon zum siebten Mal unter meinem Balkon ein Medley aus »La Mer« und »Schön ist die Liebe im Hafen« quetschfiedelt, mag ich irgendwie, denn Herr, der Sommer war sehr groß, und deshalb halte ich das aus, OM, OM und nochmals OM.

Meiner Heiligsprechung stünde also nichts im Weg, wenn es nicht das eine gäbe, was mich regelmäßig ausrasten und Petitionen zur Einführung der Prügelstrafe formulieren lässt. Es sind ja immer die kleinsten Tropfen, die das Fass zum Überlaufen bringen, und bei mir ist es eben dieser: wenn Leute ihren Müll in fremde Fahrradkörbe schmeißen. Nein, winken Sie noch nicht ab, blättern Sie noch nicht um, es ist lächerlich, aber ich kann genau erklären, wieso das ein Kapitalverbrechen ist.

Dazu muss ich etwas ausholen. Hier und da habe ich schon über eine charmante kleine Guerillaaktion geschrieben, die vor einigen Jahren die Runde machte und an der ich mich hin und wieder beteilige: *random acts of kindness*. Grob übersetzt: Freundlichkeit nach dem Zufallsprinzip. Die Idee ist, wildfremden Leuten etwas Gutes zu tun, idealerweise anonym, um die mit guten Taten verbundenen Konsequenzen zu vermeiden – zum Beispiel das Gefühl des Empfängers, in jemandes Schuld zu stehen und diese Schuld irgendwie begleichen zu müssen. Ob man im Drive-in für die eigene Bestellung und die im nächsten Auto zahlt oder dem Nachbarn aus dem vierten Stock eine Tafel Schokolade in den Briefkasten wirft oder irgendwem eine Blume unter den Scheibenwischer klemmt – immer geht es um eine kleine Freude, verbunden mit einer nicht ganz so kleinen Irritation: Wer war das? Was soll das? Mit nichts kann man die Welt so effektiv ins Wackeln bringen wie mit unerklärlicher Nettigkeit.

Der Müll im Fahrradkorb hingegen ist das genaue Gegenteil: ein *random act of unkindness,* eine gezielte Bösartigkeit gegen einen komplett unbekannten Menschen. Da wirft man seinen leeren To-go-Becher oder die Brötchentüte mit dem halb gegessenen, durchgematschten Tomate-Mozzarella-Baguette oder das benutzte Tempotaschentuch nicht etwa auf den Boden, was schon ärgerlich genug wäre, sondern dem Erstbesten quasi in den Schoß. Quasi durchs offene Fenster. Das ist nicht achtlos, sondern offensiv missachtend, und macht mich derart rasend, dass ich schon öfter solchen Scheißmüll aus fremden Fahrradkörben (ich selbst habe keinen) geklaubt und in den genau danebenstehenden Mülleimer geworfen habe, ebenso wie ich gelegentlich nicht nur die Haufen meines eigenen Hundes, sondern auch die anderer vom Bürgersteig sammele, schäumend vor Wut über so viel Arschlochhaftigkeit. Entschuldigung, ich muss kurz unters Sauerstoffzelt.

Und jetzt kommt, was mich daran so aufregt: Als ich gestern jemandem von diesen beiden *random acts* erzählte, sagte er: »Der Müll – doof, klar. Halt Großstadt. Muss man mit rechnen. Aber wenn mir jemand eine Tafel Schokolade in den Briefkasten stecken würde, würde ich die nicht essen. Wer weiß, was da drin ist. Vielleicht hat ein Irrer sie mit Rattengift präpariert.«

Ich fasse zusammen: Man findet es inzwischen normaler, wenn Menschen einem Böses wollen, als umgekehrt. Jemand tut mir was Gutes: Da kann doch was nicht stimmen.

Leute, wir haben ein Problem.

Timing

Spätestens Anfang Oktober tritt in der Regel das ein, was dereinst in Proseminaren als Winnemuth'sches Gesetz der vorweihnachtlichen adversen Zeitkrümmung gelehrt werden wird. Rituell fallen folgende Sätze innerhalb derselben Unterhaltung, und oft genug aus demselben Mund: »Ist doch schrecklich: Jedes Jahr liegen die Lebkuchen früher in den Geschäften« und »Wisst ihr schon, was ihr Silvester macht?« Einerseits kann das Jahr anscheinend nicht schnell genug zu Ende gehen, andererseits ist es eine Unverschämtheit, uns per Spekulatius daran zu erinnern, dass es in drei Monaten schon wieder soweit ist.

Abgesehen davon, dass der immer frühere Lebkuchen ein urbaner Mythos ist – seit Jahrzehnten wird das vom Handel sogenannte »Herbstgebäck« in der KW 35 Ende August/Anfang September ausgeliefert (Klugscheißer-Bonusinfo: Bis zum Dreißigjährigen Krieg wurde Lebkuchen das ganze Jahr über gegessen) –, ist bemerkenswert, mit welcher Aggression die meisten Leute auf das saisonale Herumliegen von unschuldigen Keksen reagieren, während die ganzjährige Verfügbarkeit von RTL II und Druckgaswaffen vergleichsweise entspannt zur Kenntnis genommen wird. Der Volkszorn trifft neben dem Weihnachtsgebäck auch die Ostereier, die holländischen Tulpen in den Blumendiscountern, die Sommermode, den Spargel, die Erdbeeren: Alles kommt immer früher, viel zu früh, widerlich früh. Findet man und regt sich auf und fühlt sich regelrecht drangsaliert. Nur zu was? Könnten einem Hohlkörper aus minderwertiger Schokolade und Tropenprints- und/oder Transparentlook nicht einfach wurscht sein? Oh, mal wieder die Beschleunigung, die Geißel der modernen Menschheit und deren liebstes Leitartikelthema? Komisch – hat der Tag mit Erdbeeren nicht immer noch genau die gleichen 1440 Minuten wie ohne?

Zu früh. Zu spät. Zu schnell. Zu langsam. Alles fürchterlich wacklige, von persönlichen Vorlieben und Abneigungen geprägte Konstrukte und gerade deshalb perfekte Anlässe für Wutanfälle aller Art. Letzte Woche ging die Meldung über einen 21jährigen Raser durch die Presse, der einen langsameren Fahrer bei Frankfurt rechts überholte, zum Halten zwang und krankenhausreif schlug. Am selben Tag kam eine Bekannte zurück aus dem Barcelona-Urlaub, mokierte sich erst ausgiebig über die spießigen Frühbucher und noch spießigeren Vorabend-Eincheder und stöhnte sofort danach über die Spanier, die ja so unmöglich spät zu Abend essen, »ich bekam fast einen Jetlag davon«. Als ich sie wegen dieser schönen Doppelmoral auslachte, überholte sie mich rechts und schlug mich kra… nein, das dann

41

doch nicht. Aber die Stimmung wurde augenblicklich eisig: Nur der eigene Rhythmus, die eigene Geschwindigkeit zählt, und wann immer die Welt anders tickt als man selbst, gerät man völlig aus dem Takt. Das Leben wird immer schneller, und die Bahn kommt immer später, es ist un-er-träg-lich.

Das Verrückte ist, dass so viele Leute geradezu einen Rechtsanspruch darauf ableiten, dass die Erde sich in ihrem persönlichen Tempo dreht. Und sie reagieren tödlich beleidigt, wenn mal etwas einen Tick zu schnell oder einen Tick zu langsam ist. Das Highspeed-Internet im Flugzeug gerät ins Stocken? Empörend. Der US-Komiker Louis C. K. bemerkte so richtig: »Wie schnell einem die Welt etwas schuldet, von dem man vor zehn Sekunden noch nicht mal wusste.«

Okay, das ist ein anderes Thema. Können wir uns einfach darauf verständigen, dass wir uns nicht von Keksen terrorisiert fühlen sollten? Ach so, und Silvester? Nö, weiß ich noch nicht. Dieses Mal vielleicht mal was ganz anderes?

Junggesellinnen-Partys

Als ob eine durchschnittliche deutsche Hochzeit nicht schon demütigend genug wäre (baiserförmige Kleider in einer Farbe, die jede Frau wie eine Wasserleiche aussehen lässt! Ein Toaster von Onkel Dietmar! Noch ein Toaster von Tante Karin! Lustige Hochzeitsspielchen wie das Waden-Tastspiel mit verbundenen Augen oder der Schlüpfer-tausch auf der Tanzfläche!). Hat die Menschheit eine Methode gefunden, das Heiraten noch ein bisschen peinlicher zu machen? Und zwar bereits am Abend vor der Hochzeit, damit man sich am angeblich wichtigsten Tag seines Lebens so richtig schön mies fühlen kann. Jahrhundertelang war dieses blödsinnige Ritual den Männern vorbehalten, aber seit einiger Zeit kommt man auch als Frau nicht mehr drum herum – um den Junggesellinnen-Abschied.

Das Grauen beginnt am frühen Abend beim Vorglühen mit lauwarmem Billig-Prosecco im Kreise mehrerer krampfhaft gut gelaunter Frauen. Alle tragen entweder Tiaras oder Playboy-Häschenohren, auf jeden Fall aber identische T-Shirts mit einer irre originellen Aufschrift: »Selbst ich habe einen abbekommen«, »Game over«, »Ab morgen habe ich 2 Gehälter«, »Germany's Next Top Wife« oder »Andrea – desperate housewife«, gern mit Eisenkugeln oder sonstigen Gefängnismotiven, Peitschen oder Hundeleinen dekoriert. In einer gemieteten Stretchlimo (Hey! Wir spielen Sex in the City! Sogar in Paderborn!) oder mit dem Bollerwagen zieht man dann von Kneipe zu Kneipe und lässt sich systematisch zulaufen, isst Schokolade in Penisform, singt lustige Lieder und belästigt unschuldige Passanten mit dem Verkauf von Lippenstiftküssen auf möglichst verfängliche Körperteile, um von dem Erlös weitertrinken zu können. Oder um dem unvermeidlichen Höhepunkt des Abends, einem Stripper mit öligen Haaren, öligem Körper und öligem Grinsen, was ins Höschen stopfen zu können. Berüchtigt sind die Spiele, die im Lauf so einer Nacht absolviert werden müssen. Alle Formen der Erniedrigung sind erlaubt: Gern wird die Braut mit Handschellen an ein Heizungsrohr in einer Herrentoilette gefesselt, wo sie jemanden überzeugen muss, sie bei der grölenden Frauenbande loszukaufen, die bis gestern noch ihre Freundinnen waren. Im Internet kursieren genaue Gebrauchsanleitungen für einen korrekten JGA (so das Fachkürzel für Junggesellinnen-Abschied). Wichtiger Punkt: »Die Braut sollte nicht sofort besoffen gemacht werden, auch wenn es vielleicht Spaß macht.« Woher kommt bloß all die Gehässigkeit? Kann man sich nicht einfach für die Braut freuen?

Ebenso wie die ebenfalls aus dem Angelsächsischen importierte Babyshower ist der Junggesellinnen-Abschied ein merkwürdig freudloses Ritual mit einem Beziehungskonzept aus der Steinzeit. »Der letzte Abend in Freiheit«? Die Ehe als Knast, in dem jede Frau zur Megäre mit Lockenwicklern und Nudelholz mutiert? Wirklich? Wer sich da vor Vergnügen krachend auf die Schenkel haut, könnte eigentlich gleich schon mal die Scheidungspapiere aufsetzen.

Sylt. Ein neuer Versuch

Es war alles gut zuerst. Allerbestes Wetter, voll besetzte Lesung, gut gelaunte Leute. Diesmal könnte es klappen, dachte ich. Diesmal könnte ich Sylt mögen.

Dann passierte, wie immer: Sylt.

Im Restaurant. Die Kellnerin beim Abräumen, freundlich: »Kann ich Ihnen noch was Gutes tun?« Eine Frau: »Furchtbar. Ich ertrage es nicht mehr. Das sagen jetzt alle: *Kann ich Ihnen noch was Gutes tun? Kann ich Ihnen noch was Gutes tun?*« Sie äfft es nach, in Hörweite der Kellnerin.

Nachts auf dem Heimweg, Kampener Hauptstraße. Zwei weiß gekleidete Jungs, Typ Berufssohn, hüpfen aus dem Cabrio, um in eine Hecke zu pinkeln. Satzfetzen. »Kennst du die Eva?« – »Nee. Welche Eva?« – »Ganz hübsch, aber ein bisschen billig?« – »Ach die. Ja, habe ich auch schon gebumst.«

Immer noch Kampener Hauptstraße. Ich versuche, den Gassibeutel meines Hundes loszuwerden. Weit und breit kein Mülleimer. Nicht einer. Ich stecke den Beutel in die Handtasche. Und frage später nach: Warum gibt es hier keine öffentlichen Abfallbehälter? »Damit die Apartmentmieter darin nicht ihren Hausmüll entsorgen.«

Morgens. Am Frühstückstisch im Hotel, Tisch links: »Schade, dass Samstag ist, sonst könnte ich euch jetzt die Börsenkurse auf dem Tablet vorlesen.« Ja, schade.

Am Frühstückstisch rechts fragt die Bedienung, ob sie schon das Brotkörbchen abräumen dürfe. Der Mann nickt. »Aber über die Körbchengröße müssen wir noch reden.« Seine Frau lacht geübt.

Am Tisch links geht es jetzt um einen Steuerberater, der immer Champagner mitbringt, wenn er vorspricht. Am Tisch rechts bricht man zum Golfen auf

Sylter dürfen das...

Raus hier. Mit dem Hund durch Kampen, Wattseite. Ich laufe durch die teuersten Wohnstraßen der Republik, Hobookenweg und Wiesenweg, 35 000 Euro der Quadratmeter. Bürgersteige gibt es nicht: Wer hier nicht fährt, hat hier auch nichts zu suchen. Vorbei an reetgedeckten Doppelhaushälften für sechseinhalb oder acht oder zwölf Millionen, alle mit den gleichen Findlingsmauern und den gleichen Heckenrosen und dem gleichen Fünf-Millimeter-Rasen und der gleichen albernen Friesenpforte, an der man links und rechts vorbeispazieren kann. Leben im Geschmacksknast – ach, sind ja nur sechs Wochen im Jahr, das geht schon. In einer Einfahrt zwei Porsche Cayenne mit Monogramm-Kennzeichen. Ein paar Häuser weiter ein Jaguar Sovereign V12 und ein Bentley Azure, ebenfalls mit Monogramm-Kennzeichen. Und abends fahren alle im Konvoi die 20 Kilometer zum Herbert, der Tisch ist schließlich seit drei Monaten reserviert. Ah, Freiheit!

Weit und breit nur Gärtner zu sehen, ein Geisterdorf. Endlich doch ein Anwohner, ein Mann mit einer Shih-Tzu-Hündin an der Leine, die Haare eine Spur zu lang, beide. Mein Foxterrierwelpe stürzt schwanzwedelnd auf sie zu, der Mann bremst ihn mit dem Fuß. »Sie mag das nicht. Sie spielt nicht.«

Ich will Sylt toll finden, wirklich. Ist ja auch toll: die Dünen, die Heide, der Strand, der Wind, die Wolken. Aber die Leute. Die Leute. Die verzweifelten Leute. Die Männer mit ihren roten Hosen und Dieter-Bohlen-Hemden, bedruckt mit Jetsetquatsch, »United States Polo Tournament Jeux Olympiques 1924 Player«, Herrgott. Die Frauen so blond, so rundstirnig, so behängt. Und alle zu braun. Und alle zu laut.

In List, beim Warten auf die Autofähre. Ich steige aus meinem Kleinwagen, einmal noch die gute Luft atmen. Der Mann im X6 in der Spur links neben mir fährt die Beifahrerscheibe herunter und sagt was. »Ja?« – »Machen Sie bitte Ihre Autotür zu. Der Wind könnte sie gegen meinen Wagen schlagen.«

Tschüs, Sylt. Dann wie immer in zehn Jahren.

Leben auf der Erbse

Neulich fing ein amerikanisches Fernsehteam einige Leute vor einem Fitnesscenter ab und stellte zwei einfache Fragen: »Essen Sie glutenfrei?« – »Natürlich!« – »Und was ist Gluten?« – »Ähm...« Ein Querschnitt der Antworten: *Irgendwas im Brot ... Ein Getreide oder so? Öööh ... Weizen? Jedenfalls macht es dick ... Ich habe mich damit noch nicht näher beschäftigt, aber meine Freundin hat mal ein Buch gelesen und sagt ...* Und so weiter. Ein eigentlich ganz zurechnungsfähig aussehender Typ, der angab, weder Roggen noch Weizen noch Hafer noch Nüsse noch Eier zu essen, antwortete: »Gluten ist ein Teil vom Weizenblatt, das ... keine Ahnung, aber es ist in Roggen, Weizen und Hafer drin.«

Keine Ahnung hat ja noch nie jemanden davon abgehalten, vor etwas Angst zu haben. Doch das Phänomen, dass pumperlgesunde Menschen freiwillig das Leben von ernsthaft Kranken führen (in diesem Fall von Zöliakie-Patienten, geschätzte 0,1 bis ein Prozent der Bevölkerung), ist schon bemerkenswert. Das gilt nicht nur für Gluten – falls man Sie mal vor Ihrem Fitnesscenter fragt: zwei Proteinverbindungen in Getreidekeimen, die zusammen mit Wasser zu sogenanntem Klebereiweiß werden –, sondern auch für den Milchzucker Laktose, den 90 Prozent aller Nordeuropäer problemlos vertragen. Eigentlich. Uneigentlich ist derzeit das größte Wachstumssegment im Kühlregal das mit den laktosefreien Produkten. 40 Prozent der Käufer, so wird geschätzt, sind überhaupt nicht laktoseintolerant, glauben aber, dass das Zeug irgendwie besser sei. Oder zumindest weniger schädlich. Man hört ja so viel, nicht? Und die Yogalehrerin hat auch gesagt, dass...

Wir leben im Zeitalter der Empfindlichkeit, der Unverträglichkeit, der Intoleranz. Das Bizarre daran ist, dass diese bedauerlichen Defizite – ob echt oder eingebildet – für nicht wenige Leute gar kein Manko sind, sondern nahezu ein Adelsprädikat. Empfindlich zu sein hebt einen doch irgendwie ab vom Plebs, nicht? Und das in allen Lebensbereichen: Je nachdem, welchen Umfragen man traut, glau-

48

ben zwischen 55 und 70 Prozent aller Frauen, empfindliche Haut zu haben. Tatsächlich, so sagen Dermatologen, seien es je nach Definition höchstens fünf bis zehn Prozent. Aber wer will schon normale Haut haben, wenn er auch sensible haben kann? Klingt das nicht gleich viel kostbarer? Da ist man doch gern bereit, ein paar Dutzend Euro mehr für das Tiegelchen Zaubercreme zu zahlen, das diese Kostbarkeit so sorgsam pflegt.

Und so lässt man sich von einer bestens verdienenden Empfindlichkeitsindustrie zur Prinzessin auf der Erbse machen – die Erbse muss noch nicht mal vorhanden sein, um sich trotzdem quälend ins Befinden zu drücken. Die Medizin spricht in solchen Fällen vom Nocebo-Effekt, der eingebildeten Negativwirkung bestimmter Substanzen, die auch einsetzt, wenn die Substanzen gar nicht verabreicht werden. Angst essen Seele auf und machen ein paar Leute mächtig reich.

Die neueste Gefahr droht nach Überzeugung vieler durch Strichcodes auf Packungen, die eine nicht näher benannte Strahlung bündeln und sie an den Packungsinhalt abgeben; Laserscanner würden »die bioenergetische Toxizität« der Striche aktivieren. Um diese Käufer nicht zu verlieren, haben einige Bio-Hersteller wie Sonnentor bereits begonnen, einen Querstrich über den Barcode zu drucken, der die schädlichen Energien »neutralisieren« soll. Schadet ja nichts, oder?

Schadet natürlich doch. Wenn sich immer mehr Leute in immer absurdere Formen von Hysterie hineinsteigern, wenn sich jeder als zartes Pflänzlein sieht, das schutzlos im bösen Wind der Moderne steht, dann gnade uns Gott. Man starrt auf die Erbse und verliert alle wirklichen Probleme aus dem Blick.

Über deutsches Bescheidwissertum

Das Leben ist woanders immer besser, klar. Die Landschaft, das Klima, die Ursprünglichkeit der südlichen oder asiatischen Kulturen, hach! Die Genussfähigkeit, die Gelassenheit, das Glas Wein zum Mittagessen, die Siestas, die Fiestas, die Liebe zu den Kindern, die Ehrfurcht vor dem Alter – so und nicht anders sollte das Leben sein. Finden die Deutschen. Kaum ein Volk hat eine derartige Leidenschaft für fremde Lebensart (vorausgesetzt, es bleibt hübsch im eigenen Land und reißt den deutschen Sozialstaat nicht ins Verderben) und kaum ein Volk ist so fanatisch darin, sein lieb gewonnenes Bild von der bukolischen Vollkommenheit anderer Kulturen mit Zähnen und Klauen zu verteidigen. Im Zweifel auch gegen die Einheimischen, die es durchaus besser wissen.

Ich merke es gerade wieder hier in Argentinien. Der Tango! Diese Leidenschaft! Diese Melancholie, diese Grandezza! Wer so schwärmt, hat in Deutschland ein paar Tanzstunden absolviert und sich dann fiebernd ins Flugzeug gesetzt, um im Land den wahren Tango zu tanzen. Nur hat der so viel mit dem Leben hier zu tun wie das Schuhplatteln mit dem Leben in Deutschland. Ein gut verkäufliches Klischee, in Wahrheit nur noch von ein paar alten Leuten und von Tanztouristen am Leben gehalten.

Das wäre ja alles noch lustig, wenn es nicht mit dieser elenden Bescheidwisser-Attitüde daherkäme, mit der absurden deutschen Neigung, in Argentinien der bessere Argentinier zu sein und in Italien der bessere Italiener. Wieso müssen wir immer die Experten sein, die besser als alle anderen wissen, wie es geht? Die Yogagirls auf Goa, die den Indern die Versenkung beibringen wollen, die Altherrenbanden, die in den Weinrestaurants von Montepulciano die Kellner mit Geschwafel über den Brunello von 2004 langweilen und so reden, als ob ihnen alle Weinberge hier gehören würden, die Rohmilchkäse-Aficionados, die schon auf deutschen Wochenmärkten so nerven (»Der könnte noch einen *Tick* reifer sein«) und sich in Paris vollständig zum Affen machen: immer nur die Deutschen. Vollständig eklig wird es, wenn diese Kenner nur bestimmte Aspekte zur Kenntnis nehmen und den Rest ignorieren, wenn sie es im Zweifel sogar schaffen, Dreck und Armut zur romantischen Kulisse der eigenen Fluchtfantasien umzudichten. Klar kann man einen Strohhut kaufen und »sich zu den alten Männern auf die Plaza setzen«. Aber wäre es nicht endlich mal eine gute Idee, das eigene fürstliche Leben zu Hause als das richtige zu erkennen und diesen albernen Kinderkarneval zu lassen?

Immer zweimal mehr wie du

Es war nur eine Frage der Zeit, bis die Strategen der Herrenkosmetikindustrie das 72-Stunden-Deo auf den Markt werfen würden. Die Zeit war reif, das 48-Stunden-Deo wirkte schon reichlich schwächlich (auch wenn ein Hersteller es geschmackssicher mit einer Kampagne gegen »vorzeitigen Schweißerguss« anpries), hier und da munkelte man bereits von einem bevorstehenden 96-Stunden-Deo. 72-Stunden-Deos nennen sich grimmig »X-Treme« oder »Stress Resist«, eines der Roll-ons sieht aus wie eine Handgranate – keine Frage, hier ist eine neue Eskalationsstufe im Krieg gegen den Schweiß erreicht.

Natürlich ergeben sich daraus einige Fragen. Die erste: *Ernsthaft?* Ein 72-Stunden-Deo? Die zweite: für wen bloß? Selbst wenn man mit einiger Sicherheit davon ausgehen kann, dass eine gewisse Zahl von Männern die Vorstellung attraktiv findet, sich drei Tage nicht zu waschen – sind das nicht haargenau dieselben Männer, die ein Deo ohnehin für überflüssig halten? Laut GfK-Umfrage benutzen 31 Prozent der Befragten nie eins – aber wer weiß, vielleicht haben sie ja auch nur auf eines gewartet, das es wirklich bringt. Möglicherweise haben wir es hier mit einer besonders fortschrittlichen Käuferschaft zu tun, die Wasser und Seife schon immer als steinzeitlich verachtet hat und einfach nur auf die Erfindung der chemischen Reinigung gewartet hat, als die sich die neuen Power-Deos dank Silbermolekülen und einer Breitband-Desinfektionsbatterie präsentieren.

Den Hang zur grotesken Aufrüstung gibt es natürlich auch in anderen Bereichen der Männerkosmetik. Fünf-Klingen-Rasierer sind inzwischen Standard, die ersten Sechs-Klinger drängen auf den Markt, das Prinzip Übertrumpfen – »Immer zweimal mehr wie du« – hat sich von der Straße in den Badezimmerschrank verlagert. Das Hochleistungsdeo ist vielleicht nur der Glaube daran, dass stärker besser ist – mehr PS in der Sprühdose, auch wenn man sie so wenig braucht wie einen 2,8-Tonner mit Bullenfänger auf dem Inneren Ring. Da sitzt man dann im Stau und träumt von einem Leben fern jeder Dusche: in der Westwand vom K2 oder auf Walfang vor den Faröern, oder bei der Rallye Paris – Dakar. Kann ja passieren, besser, man ist gerüstet.

Der nächste logische Schritt ist die Fünf-Tage-Unterhose, damit man nicht oben wie ein Veilchen und unten wie ein Iltis riecht. Die Zone dazwischen? Pah. Dreck bröckelt nach fünf Tagen von allein ab, und wenn nicht, kratzt man ihn halt mit dem brandneuen X-Treme-120-Stunden-Spatel ab.

Über Badewannen in Hotelzimmern

Lange Zeit war der wichtigste Grund dafür, mir hin und wieder ein besseres Hotel zu gönnen, das Bad. Die eingeschweißten Badelatschen in Einheitsgröße, die magischerweise immer passen[1], der Bademantel, der magischerweise nie passt[2], das Telefon neben der Toilette[3], der Schminkspiegel, die in 80 Prozent der Fälle sandfarbenen Großfliesen, die Rainshowerdusche – es war ein Hort des Luxus und der Ruhe, und immer, wirklich immer habe ich mit köstlich schlechtem Gewissen mein Badelaken in die Wanne geworfen, auf dass ich abends ein frisches vorfände. Zu Hause bade ich nie, in Hotels immer. Einfach um das Gefühl zu haben, das Zimmer so richtig, also: richtig[4] ausgenutzt zu haben. Danke – ich weiß selbst, dass ich peinlich bin.

Und dann passierte etwas Entsetzliches. Denn irgendein Hoteldesigner[5] kam auf die Idee, das Bad zum Teil des Zimmers zu machen. So richtig schick loftartig und lässig und wellnessig und so. Wände wurden eingerissen, Innenfenster eingebaut, Durchblicke und Sichtachsen[6] geschaffen. Mit anderen Worten: Man hat einen fantastischen Blick vom Bett auf alles, was im Bad passiert. Das ist möglicherweise erotisch gemeint, aber es ist der absolute Beziehungskiller, einem bis eben noch geliebten Menschen dabei zuzusehen, wie er oder sie sich Haare aus dem Gesicht oder von den Beinen schabt. Menschen im Bad sind selten ein schöner Anblick. Ich zum Beispiel mache ein spektakulär blödes

Gesicht, wenn ich mir die Wimpern tusche, ich möchte dabei nicht beobachtet werden. Und beim Duschen schon gar nicht, denn ich dusche nicht gern mit eingezogenem Bauch.

Leider ist die Entwicklung nicht mehr aufzuhalten: Das neueste Ding ist die freistehende Badewanne mit Löwenfüßen mitten im Zimmer – oder gleich ein Whirlpool mit Innenbeleuchtung. Ein gehobenes Hotelzimmer sieht inzwischen aus wie eine Sanitärausstellung bei Obi. Demnächst wird man bei der Reservierung gefragt werden, ob man ein Einzel- oder ein Doppelbad haben möchte, in der Minibar wird eine Auswahl an Badezusätzen gekühlt, und für einen geringen Aufschlag wird einem sogar noch ein Bett zur Verfügung gestellt.

1 Es ist das umgekehrte Aschenputtel-Prinzip. Die Herausforderung für den Prinzen bestünde hier darin, eine Frau zu finden, der die Badelatsche *nicht* passt.
2 Und bei dem man immer, sogar bei Zimmerpreisen weit jenseits der Schmerzgrenze, den Gürtel selbst in die Schlaufen fädeln muss. Wieso? Wieso? Und vor allem: wieso?
3 Mal ehrlich: Würden Sie rangehen, während Sie gerade…? Nein, oder? Doch? Ach so, Verzeihung, Sie sind ein Mann, es ist also quasi Ihr Armsessel, Sie lesen hier schließlich sogar die Zeitung.
4 Unter Einsatz sämtlicher Shampoo-, Badezusatz- und Bodylotion-

Fläschchen. Und der Wattestäbchen. Und der Wegwerf-Nagelfeile. Und des Schuhputztuchs. Nie fühlt man sich so gut gewartet wie nach einer ausgiebigen Hotelbad-Session.

5 Der dafür in die Hölle kommt und dort den ganzen Tag Klopapierenden zu Dreiecken falten muss.

6 »Sichtachse« ist Architektendeutsch für »wahnsinnig ungemütlich, sieht aber gut auf Fotos aus«.

Kinderschlepper

Eine normale Kindheit in Hollywood geht so: Als Fötus erstes Zeitschriftencover als Bauchinhalt im Aktfoto der Mutter (siehe: Demi Moore, Heidi Klum, Christina Aguilera, Cindy Crawford, Monica Bellucci, Gwyneth Paltrow, Britney Spears, Claudia Schiffer). Kaiserschnitt. Zweites Titelfoto im Arm der stolzen Eltern (Fotohonorar geht an Charity, klar). Erste Louis-Vuitton-Tasche mit zwei, erster Personal Trainer mit drei, erste Kreditkarte mit vier (Suri Cruise sollte damit den selbstständigen Umgang mit Geld lernen), erste Sitzung beim Psychologen mit fünf, erste eigene Modelinie mit sechs, erste Entziehungskur mit zwölf. Es ist ein Leben im Zeitraffer, und vielleicht ist die Geschwindigkeit in dieser Society auch ganz normal – schließlich verlieren ihre Mütter direkt nach der Geburt 20 Kilo in circa derselben Zeit, in der normale Frauen es schaffen zu kapieren, wo bei einer Windel vorn und hinten ist.

Nur an einer Stelle verläuft die Hollywood-Reifung verblüffend langsam: Bis ins hohe Alter von sechs oder sieben Jahren werden die Glamour-Kinder von ihren Müttern durch die Gegend getragen. Woche für Woche sind die Blätter voll mit Fotos von Monsterkindern, unter denen ihre Size-o-Muttis schier zusammenzubrechen scheinen, die aber trotzdem auch dann noch auf den Arm genommen werden, wenn sie längst auf eigenen Füßen stehen können. Klar hat das oft praktische Gründe, schließlich wollen sich die Turbomütter nicht immer von ihrem trödelnden, quengelnden Nachwuchs ausbremsen lassen. Aber haben wir es hier vielleicht mit einem Symbolbild moderner Elternschaft zu tun? Dürfen die kleinen Lieblinge einfach nicht erwachsen werden? Muss man sie bis in alle Ewigkeit tragen/ertragen, schleppen/durchschleppen, von allem Übel bewahren, zum Beispiel dem, auch mal auf die Nase zu fallen? Oder ist es am Ende bloß die einfachste Methode, ein Paparazzo-Foto zu generieren? Denn nichts verkauft sich so gut in Hollywood – und zwar in jedem nur denkbaren Sinn – wie das ikonografisch so erfolgreiche Motiv Mutter mit Kind. Vor Jahren hat man sich eine It-Bag an den Arm gehängt und kam damit verlässlich in die Gazetten, jetzt ist es ein It-Blag. Trägt man es, sind die Gesichter hübsch nah beieinander für ein schönes covertaugliches Close-up. Angenehmer Nebeneffekt: Ein Kind ist ein prima Sportgerät. »Es ist tolles Training«, ließ die Promi-Fitnesstrainerin Kathy Kaehler verlauten. »Wenn man es trägt, verbrennt man mehr Kalorien.« Zwei Kinder sind sogar noch besser, »wegen der Balance«. Drei? Nee, das lohnt sich nicht wirklich. Nicht für die Fotos und nicht für die Figur. Also gar nicht.

TRÖDELN

Wenn ich nicht so vertrödelt wäre, wäre dies das erste Kapitel gewesen: Trödeln.

Denn nie bin ich so sehr bei mir selbst wie in Zeiten, in denen ich die Zeit vergesse. Nicht zufällig geht es gleich im ersten Text um einen geschwänzten Tag. Klar, man hätte arbeiten müssen. Eigentlich. Aber man hat nicht. Und die Welt hat sich trotzdem weitergedreht, dieses Mal allerdings im Walzerrhythmus.

Zeit und ihre Wahrnehmung ist ein unendlich spannendes Thema — und nicht zuletzt eines, das zu Konflikten führen kann zwischen Leuten, die ihr Leben in unterschiedlichen Schlagzahlen rudern. Ob man in der Regel flott unterwegs ist oder es lieber lang- sam angehen lässt, ist so persönlich wie der eigene Puls. Ebenso die Frage, ob und wie sehr man sich einspannen lässt in ein enges Zeitkorsett (das man meist selbst geschnürt hat). All das sind erstklassige Unglücks- garanten: Voran gepeitscht oder ausgebremst zu werden, ist mindestens so schlimm wie nicht über die eigene Zeit zu verfügen.

Und gleichzeitig kann man mit nichts so gut herumspielen wie mit der Zeit. Einfach mal zu nachtschlafender Zeit aufstehen und sehen, was passiert! Oder sich selbst einen Jetlag schenken, indem man morgens ins Kino geht und abends frühstückt: Das ist so albern wie erkenntnisreich.

Schwänzen

Wenn Sie sich nicht mehr an letzten Mittwoch erinnern, haben Sie irgendwas falsch gemacht. Es war der erste wirklich heiße Tag in diesem Jahr, in ganz Deutschland, soweit ich weiß. Ein Julitag im Mai, ein Geschenk, das angenommen werden musste. Ein Tag für Flipflops und Eisbecher mit fünf Kugeln (statt Mittagessen), für zwei Bier am Nachmittag und anschließendes Holzkohlekaufen und eine lange, sehr lange Nacht.

Solchen Tagen sieht man ja zunächst nie an, was sie mit einem vorhaben. Am Morgen hatte ich ganz brav zu schreiben begonnen und wollte nur kurz mit dem Hund raus, eine schnelle Runde und dann gleich wieder an den Schreibtisch. Aber da war dieser Himmel. Und diese Wärme. Und überall diese gut gelaunten Leute mit den noch weißen Beinen in Röcken und Shorts, die alle einen etwas hüpfenderen Gang als sonst hatten.

Schön, gehen wir ein bisschen weiter heute, der Hund braucht ja auch wirklich Bewegung. Am Flussufer entlang, am Freibad vorbei, in den Hain, auf die Liegewiese. Schwänzende Jungs kicken einen Fußball, der Hund döst und kickt im Traum mit,

Frauen bauen sich Kopfkissen aus Handtasche und Strickjacke, Männer auf Parkbänken gehen in die zweite Mittagspausenverlängerung. Und mein Schreibtisch steht auf einem anderen Planeten, die Rückreise dahin werde ich heute nicht mehr schaffen.

Ich chatte mit einer Freundin: »Ich schwänze, du?« Sie: »Alles abgesagt, sitze auf der Terrasse. Es ist ja nicht wirklich Schwänzen. Es ist wie mit Sachen, die weg sind. Die sind nur woanders. Schwänzen heißt: Prioritäten setzen und verschieben.« Genau. Ich verschiebe meine Priorität in Richtung Biergarten, um »a U« zu trinken.

Ich muss dazu erklären: Ich wohne derzeit für einen Monat in Bamberg, und der Franke liebt die lange Rede nicht, besonders nicht, wenn es ums Bier geht. U ist ein ungespundetes Kellerbier, gegärt ohne Holzzapfen im Fass und deshalb kohlensäureärmer. So ein U trinkt sich flott weg bei 30 Grad, ein zweites auch, »i a a U«, ich nähm auch noch eins. Mit zwei Herren aus der Versicherungsbranche schwätze ich eine Stunde lang über Zufälle im Leben und über Sehnsuchtsstädte. Überhaupt ist es einer dieser Tage, an denen man über Sehnsüchte spricht, über Vorruhestand und Weinberge und Häuser am Gardasee, an denen das schöne Leben auf einmal klar vor einem steht und nicht nur ein Traum ist, sondern ein Bedürfnis. Ein Anrecht. Sogar für Herren aus der Versicherungsbranche. Wir nehmen noch a U.

Weiter, in die Stadt. Dinge tun, die man sonst nicht täte. Spargeleis essen. Blöde Hüte aufprobieren. Kurz überlegen, ob man zu einer Party namens »Paarungszeit« gehen solle (»Leuchtbändchen am Eingang. Grün: Single. Rot: fest vergeben. Blau: zu allem bereit«). Idee verwerfen. Füße in die Regnitz hängen. Hund beim Plantschen beobachten. Aus dem Gassigehen werden fünf Stunden vertrödelte Glückseligkeit.

Solche geschwänzten Tage sind ein Menschenrecht, finde ich. Bei Diäten werden ja neuerdings immer Schummeltage eingeplant, an denen man alles essen darf, was man will. An denen man sich gehen lassen kann, um dann wieder zurück zur Disziplin zu finden. Schummeltage braucht man auch im Leben, sonst dreht man durch (Sonntage zählen nicht, die sind mit Kirche, Ausflug, Braten, Tatort meist gnadenlos durchreglementiert). Die Volkswirtschaft wird es überleben. Statt Krankmeldung eine Gesundmeldung, einen gelben Zettel, den man sich selber schreibt: Entschuldigt, Leute, ich hatte heute was Besseres zu tun. Dafür haue ich morgen doppelt rein, versprochen.

Leben oder Gelebtwerden

Vormittags simste mir eine Kollegin bedauernd, es werde leider nichts mit unserer Mittagsverabredung, sie schlage sich gerade mit Magendarm herum. Ich simste zurück, wie schade das sei, gute Besserung, neuer Anlauf nächste Woche, ja? – und brach in stillen Jubel aus. Herrlich! Urplötzlich zwei Stunden Freiheit geschenkt bekommen, und das an einem Tag, den ich mir derart vollgeballert hatte mit To dos, dass mir die Luft wegzubleiben drohte. (Gut merken, diesen Moment. Ist jetzt nicht sooo wahnsinnig spannend, aber ich komme darauf zurück.)

Nachmittags nominierte mich jemand für die ALS Ice Bucket Challenge, ich hätte 24 Stunden Zeit, mir einen Eimer Eiswasser über den Kopf zu gießen und drei weitere Leute herauszufordern. Ich vermute, Sie haben davon gehört. Nein, ich weiß, Sie haben davon gehört, es ist unmöglich, davon nicht gehört zu haben. Ich war fast schon auf dem Weg zum Supermarkt, um einen Beutel Eis zu kaufen, ich überlegte fieberhaft, wen ich nominieren könnte und wer die Aktion filmen könnte, und ein bisschen originell sollte es ja auch sein – 24 Stunden! Ticktack! –, als ich plötzlich dachte: nö. Einfach nur: nö.

Nö. Mach ich nicht. Keine Lust, mich öffentlich einzunässen, keine Lust, mich von einer Kettenbriefaktion zu etwas nötigen zu lassen, wie gut der Zweck auch immer sein mag, keine Lust, andere zu etwas zu nötigen, und keine Lust, mich für meine Lustlosigkeit zu rechtfertigen. Erst recht aber keine Lust, eine Grundsatzerklärung abzugeben, ein Facebook-Posting über Sinn und Unsinn der Ice Bucket Challenge. Kurz: keine Lust, überhaupt zu reagieren.

Ich antwortete meinem Herausforderer also nur knapp (okay, »nö« wäre knapper gewesen) mit dem Satz: »I would prefer not to«, dem berühmten Zitat aus Herman Melvilles wunderbarer, mysteriöser, frustrierender Geschichte »Bartleby der Schreiber«. »Ich möchte lieber nicht«, antwortet Bartleby auf alles, was man von ihm will, und seine Umwelt wird schier irre an seiner stets höflichen Verweigerung. Die Geschichte endet nicht gut, das wollen wir hier nicht verschweigen, aber Bartleby ging als Held des passiven Widerstands in die Literaturgeschichte ein.

An der Ice Bucket Challenge kann man beobachten, dass uns was Wichtiges abhanden zu kommen droht: das Recht des Ignorierendürfens, des Bleibenlassens. Die Entscheidungsfreiheit, nicht auf alles einzugehen, was die Welt einem vor die Füße wirft.

Wohlgemerkt: Ich finde die ALS-Aktion gelungen, sie hat ihren Zweck erfüllt, Geld und Aufmerksamkeit für eine schreckliche Krankheit einzutreiben. (In Deutschland allerdings mehr Aufmerksamkeit als Geld: In der ALS-Ambulanz der Berliner Charité sind bis Ende August lächerliche 20 000 Euro eingegangen, beschämend angesichts des medialen Getöses.) Mich stört nur, dass beides durch Konformitätsdruck erpresst wurde.

Und damit kommen wir zurück zum Anfang. Die zwei Momente an diesem Tag, der abgesagte Lunch und die aufgedrängte Eiskübelaktion, hatten eigentlich nichts miteinander zu tun und uneigentlich alles: Andere Leute drücken meine Knöpfe – wenn ich es zulasse. Im ersten Fall habe ich mich erleichtert gefreut, dass mich jemand aus einer Verpflichtung entlässt, die ich selbst an diesem stressigen Tag hätte absagen dürfen und müssen. Wie armselig, jemand anderem die Entscheidungen über mein Leben zu überlassen! Ich habe mir vorgenommen, in Zukunft öfter »nö« zu sagen. Oder: »Ich möchte lieber nicht.« Oder: »Das passt mir nicht.« Denn wozu man Ja sagt und wozu Nein, das ist am Ende immer eine Entscheidung über Leben oder Gelebtwerden.

Ist gerade ganz schlecht

Alle wieder da? Alle wieder ansprechbar? Wir befinden uns ja gerade in einer der raren Wochen im Jahr, in denen nichts los ist (und mir ist klar, dass Journalisten die Finger von solchen Behauptungen lassen sollten, es kann ja jederzeit wieder … aber lassen wir das). Man kann sich also mal wieder trauen, Leute anzurufen und eine Verabredung einzutüten, ohne zu hören: »Nee, du, das ist gerade *ganz* schlecht.«

Grob geschätzt ist es in circa 40 Wochen des Jahres gerade ganz schlecht. Im Januar erholen sich alle von Weihnachten oder sind damit beschäftigt, für zwei bis drei Wochen ihre guten Vorsätze (mehr Sport/weniger Spaß) in die Tat umzusetzen. Februar/März/April: Skifahren/Karneval/Ostern/«Sieben Wochen ohne« und deshalb keine Trink- oder Essverabredungen. Mai: Los Brückentag-Wochos mit 1. Mai, Himmelfahrt. Juni: da ginge was. Juli/August: Hauptferienzeit, keiner ist da – zumindest gibt es keiner zu, da zu sein. Im September sind die weg, die im Juli/

August Urlaubsvertretung gemacht haben. Oktober: Da fände sich irgendwie ein Termin, bestimmt. Im November erhöht sich allmählich die Jahresendschlagzahl, und im Dezember: nee, also echt nicht, Weihnachtsfeiern, Geschenke, Vorbereitungen etcetera. Wir müssen unbedingt mal wieder, aber derzeit? Ganz schlecht.

Hat man sich dann glücklich auf einen Monat und gar eine Woche geeinigt, bleibt noch die entscheidende Hürde: der Tag. Sonntag, klar, geht schon mal gar nicht wegen Tatort. Die traditionellen Feiertage Freitag und Samstag sind reserviert für Date Nights oder Dinnerpartys. Donnerstag ist unterhalb einer gewissen Altersgrenze der neue Freitag. Montag ist traditionell der Tag der Stammtische: Der Buchklub trifft sich am ersten Montag im Monat, die Mädelquatschgruppe am letzten. Bleiben Dienstag und Mittwoch, und da ist entweder Yoga oder Doppelkopf, oder Elternabend. Und wenn man sich glücklich auf einen Termin geeinigt hat, passiert garantiert kurzfristig etwas, das alles wieder zum Einsturz bringt.

Dass alle im permanenten sozialen Ausnahmezustand zu leben scheinen, ist um so verwunderlicher angesichts der einschlägigen Zahlen, die jüngst wieder kursierten: Laut einer Studie ist Deutschland europaweit ungeschlagen in der Kombi hohes Gehalt/Urlaub. 39 freie Tage hat der Durchschnittsdeutsche, plus 104 Tage Wochenende = macht knapp 40 Prozent des Jahres Freizeit. Eigentlich. Und trotzdem wird das allgemeine Gestöhne lauter, die gefühlte Gehetztheit größer. Wir haben so viel Zeit wie nie und beklagen so schrill wie nie ihren Mangel – Diagnose: kollektive Temporalhypochondrie.

Ich war neulich zu einem harmlosen beruflichen Kennenlernmittagessen beim Italiener verabredet, der Termin war sechs Wochen vorher verabredet worden und wurde, je näher er rückte, desto frenetischer verschoben. Mal einen Tag früher, dann wieder später, dann eine Stunde später. Als wir uns dann endlich gegenübersaßen, jeder auf der vorderen Stuhlkante einen Teller Nudeln runterschlingend, dachte ich: Was soll das? Was bringt das außer dem Gefühl, einen weiteren Termin abgehakt zu haben?

Keine Ahnung, wie wir aus der Nummer wieder rauskommen. Per freiwillige Selbstkontrolle vielleicht: nur noch spontane Verabredungen, nichts, was über eine Woche hinausgeht. Können wir mal darüber reden? Ich könnte zum Beispiel gut nächste Woche. Montag habe ich schon was, Dienstag ist schlecht, Mittwoch ganz schlecht, Samstag geht gar nicht, aber sonst: immer.

Erst das Vergnügen, dann die Arbeit

Der erste Morgen auf meinem Weg zur Weltherrschaft war ein Fiasko. Das Handy weckte mich um 4.30 Uhr, ich schloss noch mal kurz für fünf Minuten die Augen und wachte gegen acht wieder auf. Verdammt, so wird das nichts. Nächster Tag, nächster Versuch: 4.30 Uhr, sofort raus aus dem Bett, alle Lampen an, Dusche, Tee, der Hund hebt ungläubig den Kopf um zwei Millimeter und dreht sich auf die andere Seite.

Den Tag um 4.30 Uhr zu beginnen, darauf scheinen sich die erfolgreichsten Menschen aller Länder verständigt zu haben, wie ich gerade dem *Manager Magazin* entnahm. Früh aufstehen ist das neue Spät-im-Büro-Bleiben, die Überstunden werden jetzt schon vor Arbeitsbeginn absolviert. Babykost-Unternehmer Claus Hipp steht um 4.30 Uhr auf, sperrt sich eine nahe Wallfahrtskapelle auf und geht anschließend zur Arbeit. Disney-Chef Robert Iger: auch 4.30 Uhr (»Es ist eine gute Zeit, um zu denken«), Zeitunglesen, E-Mail, E-Mails, Heimtrainer. Oracle-Boss Mark Hurd: 4.30 Uhr. »Ich kenne eigentlich nur zwei Geschwindigkeiten: Schnell oder Stopp.« Howard Schultz, CEO von Starbucks: 4.30 Uhr. Radfahren mit der Gattin, ab sechs Uhr am Schreibtisch. Aus diesem Raster brechen lediglich der Spätaufsteher Richard Branson (5 Uhr/Kiten, Schwimmen, Frühstück mit der Familie) und Apple-Chef Tim Cook aus: Der lässt sich jeden Tag um 3.45 Uhr wecken, der verdammte Streber, checkt E-Mails, geht um 5.00 Uhr ins Fitnessstudio und sitzt um 6.30 Uhr an seinem Schreibtisch.

Verstanden. 4.30 Uhr also, wenn aus mir noch mal was werden soll. Seit drei Tagen ziehe ich das durch, und was soll ich sagen? Ich habe mich jede Sekunde zurück ins Bett gesehnt. Aber ich verstehe jetzt genau, was so toll ist am Frühaufstehen.

Es ist ein Zeitgeschenk. Plötzlich scheint der Tag magischerweise ein paar Stunden länger zu sein. Es ist ein Jetlag von der guten Sorte: wie wenn man in Richtung Westen fliegt und dank Zeitverschiebung denselben Tag (oder wenigstens einen Teil davon) zweimal leben darf. Ich stehe um fünf Uhr in der stillen Wohnung und schaue auf die stille Straße, freue mich, dass es – anders als offenbar im Silicon Valley – weit und breit kein geöffnetes Fitnessstudio gibt, dass mein E-Mail-Fach leer ist (denn noch gibt es keine asiatischen Zulieferbetriebe für diese Kolumne; ich arbeite daran) und dass ich auch sonst nicht das Allergeringste zu erledigen habe zu dieser unchristlichen Zeit (denn eine Wallfahrtskapelle habe ich auch nicht).

Also, was tun? Das, wofür sonst nie Zeit zu sein scheint. Das, was auf dem großen »Irgendwann mal«-Stapel liegt. Einen Roman lesen, der schon seit Wochen eingeschweißt im Regal steht. Ein paar abonnierte Podcasts anhören, die ich sonst meist bedauernd ungehört lösche. Derweil in Ruhe und Sorgfalt einen Jackenknopf annähen und das sogar richtig genießen.

Das Beste ist: Um diese Zeit gibt es keinerlei Ablenkung, keiner will was von einem. Man muss auf nichts und niemanden reagieren außer auf die eigenen Bedürfnisse, Gelüste und dummen Ideen. Drei Stunden genussvoll nach eigenem Gusto vertrödeln, ungetrieben und im Wissen, dass für alles Wichtige später noch Zeit ist, wenn der Tag erst richtig losgeht. Es ist ein Kick, die Mußestunden nicht hintendran zu hängen, sondern vorwegzunehmen. Erst das Vergnügen und dann die Arbeit – das gibt auch der Arbeit gleich einen ganz anderen Dreh.

Ich bin genetisch zur Eule bestimmt wie zwei Drittel aller Deutschen. Aber eine Stunde lustvolles Frickeln und Trödeln, bevor der Tag beginnt, das kriegen sogar wir Penner hin.

Ich bin überhaupt nicht müde

Ich entstamme einer noblen Linie von Weltklasse-Schläfern. Wenn wir Winnemuths was können, dann: schlafen. Mein Vater muss nur das Wort Pyjama hören, schon döst er weg, und ich habe mich bereits als Kind mächtig beliebt bei meinen Eltern gemacht, indem ich bei Ferienreisen in den Süden noch vor der Autobahnauffahrt eingeschlafen und erst knapp vor dem Ziel wieder aufgewacht bin. (Gelegentlich hat meine Mutter mir einen Spiegel unter die Nase gehalten, um zu kontrollieren, ob ich noch atme.) Seitdem habe ich eine Spitzenkarriere als Schläferin hingelegt, beneidet für mein Talent, unter härtesten Bedingungen zu schlafen, ob im Bus mit Knien unterm Kinn oder auf lecken Luftmatratzen, ob neben startenden Düsenjägern oder schnarchenden Männern. Verzeihung, wenn ich damit prahle, aber man hat ja nicht viel im Leben, auf das man stolz sein kann.

Seit einiger Zeit beobachte ich allerdings an mir und vielen anderen, mit denen ich darüber gesprochen habe, das merkwürdige Phänomen der Schlafprokrastination, wie es eine Studie der Universität Utrecht nennt: das mutwillige Hinausschieben des Ins-Bett-Gehens, auch wenn man müde ist und genau weiß, dass man morgen kariert aus der Wäsche gucken wird. (Der bekloppten menschlichen Neigung, Dinge zu tun, von denen man genau weiß, dass sie einem schaden, und solche zu lassen, die einem guttun, hat Utrecht gleich eine ganze Forschungsabteilung gewidmet, das Selfregulation Lab, dem ich mich wahnsinnig gern als Laborratte anbieten würde.) Schlafprokrastination läuft circa so: Eigentlich wollte man endlich mal vor Mitternacht im Bett sein, es gibt auch wirklich nichts mehr zu tun, im Fernsehen kommt nix, das Buch ist langweilig, man könnte es jetzt einfach mal gut sein lassen und die Augen zumachen – und dann bleibt man doch noch vor dem Laptop hängen und surft ein bisschen sinnlos durch die Nacht. Oder zieht sich auf dem Smartphone die gesamte Facebook-Timeline des Tages rein. Oder guckt doch noch eine Folge der neuen US-Serie, nur eine. Na gut, zwei. Ach, was soll's, drei, jetzt ist es eh schon egal, acht Stunden Schlaf kriegt man sowieso nicht mehr hin. Man verhält sich also wie ein quengeliges Kind, das einfach nicht ins Bett will.

Aber gilt das Acht-Stunden-Diktat überhaupt noch in einer postindustriellen Welt, in der die starren Schichtsysteme allmählich erodieren und es gar nicht mehr nötig wäre, eine stramme Schlafschicht einzuhalten, um tags drauf wieder fit am Band zu stehen? Müsste man nicht einfach so schlafen, wie es der Körper braucht? Mittagsschlaf und Nickerchen werden ja von Vorn-dran-Arbeitgebern wie Apple und Google bereits gefördert, wenn nicht gar gefordert, so produktivitätssteigernd und konzentrationsfördernd seien sie. Umgekehrt mehren sich die Forscherstimmen, die die durchgehende Nachtruhe für eine Verirrung der Neuzeit halten. Bis zum Ende des 17. Jahrhunderts, so der US-Historiker Roger Ekirch, wurde in zwei Segmenten à vier Stunden geschlafen, mit einer Wachphase von einer bis zwei Stunden dazwischen. In der wurde gebetet, geraucht, gelesen, geschrieben, die Nachbarn besucht. Dieses Schlafmuster deckt sich auch mit den Ergebnissen eines psychiatrischen Experiments aus den Neunzigern, bei dem eine Testgruppe täglich 14 Stunden in totaler Dunkelheit verbrachte. Irgendwann pendelte sich deren Biorhythmus ebenfalls auf einen 4-2-4-Rhythmus ein.

Vielleicht müssen wir das Schlafen also wieder ganz neu lernen. Hier mal eine Siesta, da mal vier Stunden, in der Nacht zwei Stunden arbeiten. Ich fange heute noch damit an. Aber erst mal eine Folge dieser wirklich sensationellen Serie ... Okay, zwei.

Tempo!

Neulich sah ich mal wieder einen meiner Lieblingsfilme, »About Schmidt« mit Jack Nicholson in der Rolle des Versicherungsbeamten Warren Schmidt, dessen ergeben abgesessenes Leben nach seiner Pensionierung aufzuribbeln droht. Wer ist diese alte Frau, die da neben mir im Bett liegt, fragt er sich plötzlich beim Anblick seiner Ehefrau. Alles an ihr nervt ihn: wie sie riecht, wie sie sich hinsetzt und – am allerschlimmsten – wie sie auf dem Supermarkt-parkplatz schon ewig lange, bevor sie das Auto erreicht, den Wagenschlüssel aus ihrer Tasche zieht.

Ich liebe dieses Detail, es ist so genau beobachtet und er-zählt so viel darüber, in welch unterschiedlichen Zeitzonen Menschen leben können, auch wenn sie 42 Jahre verhei-ratet sind. Wie schnell oder wie langsam jemand Dinge erledigt, wie vorausschauend er agiert oder wie trödelig, ob er den Blick nach vorn oder nach hinten richtet und den Witz sofort versteht oder mit zwei Sekunden Verzö-gerung, das sind oft nur winzige Abweichungen, kleine Haarrisse im Zusammenleben, die aber leicht zu unüber-windlichen Canyons werden können. Ich selbst gehöre wie Jack Nicholsons Filmfrau zur Spezies der Zwanzig-Meter-vor-der-Tür-den-Schlüssel-Rausholer, meine beste Freundin hingegen wühlt vor der Haustür gefühlte zehn Minuten in ihrer Hand-tasche, bis sie ein weiteres Mal glücklich den Schlüs-selbund gefunden hat. Wir kennen uns seit 26 Jahren, wir könnten unterschied-licher nicht sein und lie-ben uns trotzdem oder ge-rade deshalb, wie das bei alten Freunden oft so ist,

74

aber ich werde nicht aufhören, sie erwürgen zu wollen, wenn sie mal wieder mit wachsender Verzweiflung in den Tiefen ihrer Tasche kramt. »O Gott, wo isser bloß ... ich werd doch nicht ... ach, da ist er ja« – rrraaaaaahhhhh! *Jeee*-des Mal.

Jeder geht mit seinem höchst individuellen Pulsschlag durchs Leben, jeder tanzt nach seinem eigenen Beat, den er selbstverständlich für den einzig wahren hält. Und schon kommt man ins Stolpern: Wieso ist der so lahm? Warum ist die so hektisch? Ich war mal kurz, aber heftig in einen Mann verliebt, der in jeder Hinsicht toll war – bis auf die Tatsache, dass er zu langsam für mich war. Er dachte noch über etwas nach, wenn ich längst beim nächsten Thema war, auf E-Mails oder SMS reagierte er mit unerträglicher (also gern mal eintägiger) Verzögerung; seine Bedächtigkeit machte mich wahnsinnig. Nicht die gute Art von wahnsinnig. Umgekehrt war's genauso. Wir taten das einzig Richtige, wurden gute Freunde und sehen uns selten – nach seiner Zeitrechnung also gerade oft genug. Immer häufiger kommt es mir vor, als ob wir zwar alle im selben Sonnensystem lebten, aber jeder eine andere Umlaufbahn hätte. Ein Jahr auf dem Merkur dauert 88 Tage, eins auf dem Mars 687 Tage und eins auf Pluto 90 465 Tage, also 248 Jahre. Ungefähr so scheint das auch bei den meisten Menschen zu sein. Kosmisches Gesetz. Unveränderlich. Zum Wahnsinnigwerden.

Wie kommt man bloß zu seinem persönlichen Tempo? Gibt es dazu Studien? Ist das ererbt? Erlernt? Ich bin die

Tochter eines Vaters, der flott auf rote Ampeln zufährt und genau dann bremst, wenn es nötig ist, und einer Mutter, die schon im Oktober besprechen will, was es Heiligabend zu essen gibt. Beide machen mich, genau: wahnsinnig. Dabei bin ich noch nicht mal konsequent mit meinem eigenen Lebenstempo. Ich gehe schnell, ich esse schnell, ich lese langsam, und noch langsamer werde ich mit anderen warm. Liegt das an der Verdrahtung der Synapsen, am Metabolismus, am Luftdruck? Könnte mir das mal einer erklären?

Macht auch nichts, wenn's schnell geht.

Jetlag to go

Nichts sagt einem so effektiv, dass man ganz weit weg von zu Hause ist, wie ein anständiger Jetlag. Man taumelt mit glasigen Augen durch den Tag[1], liegt am helllichten Tag schnarchend auf der letzten Bank des Stadtrundfahrtbusses, steht nachts um vier senkrecht im Bett, füllt aus lauter Verzweiflung die Minibar in sich ein und flucht, dass man nicht doch nach Warnemünde gefahren ist. Ist doch auch schön da.

Dabei ist so ein Jetlag eine feine Sache, denn das ganz[2] andere Leben, das man sich vom Urlaub erhofft, führt man eigentlich nur, wenn man sich vom Joch des Alltags im Allgemeinen und der Uhr im Besonderen befreit.[3] Und das, liebe Gemeinde, kann man auch zu Hause. Deshalb heute mal einen Schnellkurs zum Thema »Wir basteln uns einen Jetlag«. Und das geht so[4]:

• Gehen Sie morgens ins Kino. In allen Großstädten gibt es einen Kinopalast, der seine ersten Vorstellungen um elf startet. Der Film ist egal, möglichst was Hirnfreies.[5] Essen Sie Popcorn[6], und genießen Sie den ungehinderten Blick auf die Leinwand. Es ist ein Gefühl wie Schule schwänzen, besonders wenn man danach bei strahlendem Sonnenschein ins Freie tritt.

• Suchen Sie sich eine Hotelbar, die um diese Zeit schon geöffnet hat[7], und trinken Sie zwei Glas von dem, was Sie normalerweise gegen 22 Uhr bestellen würden, wenn Sie am nächsten Morgen nicht zur Arbeit müssen. Essen Sie Erdnüsse dazu.[8]

• Jetzt dürften Sie eigentlich keine Ahnung mehr haben, was die Stunde geschlagen hat. Perfekt! Gehen Sie frühstücken. Auch das geht in besseren Großstädten mühelos bis 20 Uhr.

• Wenn Sie im Zeitplan sind, müsste es jetzt 18 Uhr sein. Gehen Sie ins Bett. Noch nicht müde genug? Lesen Sie eine Politiker-Autobiografie.

• Hervorragend! Sie sind wie geplant um vier Uhr morgens hellwach. Gehen Sie spazieren, wecken Sie die Vögel durch lautes Singen. Wenn Sie in Hamburg sind, essen Sie in Erikas Eck mit den Männern vom Schlachthof nebenan ein Roastbeefbrötchen. Wenn Sie nicht in Hamburg sind, fahren Sie nach Hamburg. Es lohnt sich, Erika macht auch gute Hackbrötchen.

Sehen Sie? Ein Spitzen-Jetlag. Zehn Zeitzonen an einem Tag. Das Gefühl, endlos weit weg gewesen zu sein. Und Sie brauchen noch nicht mal ein Visum dafür.

1 Schön, das tut man auch zu Hause.

2 Ganz, ganz, GANZ.

3 Und ganz besonders vom bundesrepublikanischen Zwang, täglich um 12.30 Uhr eine warme Mahlzeit zu sich zu nehmen.

4 Anfänger nehmen einen Samstag, Wochentage machen noch deutlich mehr Spaß.

5 Aber aserbaidschanische Dokumentarfilme mit Untertiteln muss man um diese Zeit ohnehin nicht befürchten.

6 Sie werden mir in zwei Stunden noch dankbar sein.

7 Nicht ganz leicht, die meisten öffnen erst gegen 18 Uhr. In Hamburg: Atlantic Hotel (danke, Udo!), in München: Vier Jahreszeiten und Mandarin Oriental. Die Bar im Frankfurter Hof macht um 8.30 Uhr auf. Sie heißt Autorenbar. Natürlich.

8 Der Barkeeper wird sie Ihnen einzeln mit der Eiszange reichen, er hat nämlich sonst nichts zu tun um diese Zeit. Verwickeln Sie ihn in ein Gespräch – das ist leicht, Sie sind besoffen genug dafür. Zum Dank mixt Ihnen der Mann seine neueste Eigenkreation für lau. Danach sollten Sie dann aber dringend nach draußen torkeln. Oha, die Sonne scheint ja immer noch.

GENIESSEN

Der Genuss hat in unseren seltsamen Zeiten eine bemerkenswerte Karriere gemacht. Einerseits leben wir in einer Prohibitionsgesellschaft, in der so viel verboten oder zumindest beargwöhnt wird wie selten zuvor in der Geschichte der Menschheit: das Rauchen, das Trinken, die Völlerei, das Fleisch, der Weizen, die Milch, die Tiefkühlpizza – da brechen jedenfalls schon mal ganze Blöcke aus der Ernährungspyramide des 20. Jahrhunderts weg. Andererseits sollen wir für das, was dann noch übrig bleibt, überproportional große Begeisterung empfinden: Genießen ist fast immer mit Ausrufezeichen versehen, wir sollen uns, verdammt noch mal, des Lebens freuen und so gut gelaunt in den Dinkelknäcke mit wurstfreier Teewurst beißen wie die dünnen Blonden aus der Werbung.

Schwierig, das. Denn zum Genuss gehört ja

immer auch das Gefühl der Unangemessen-
heit, der Sünde. Das Glas Wein zum
Mittagessen (auch wenn man weiß, dass
man für den Rest des Tages nichts mehr
gerissen kriegt), die Tafel Vollmilch-Nuss in einem
Rutsch, so Zeug. Es ist also kein Zufall, dass wir uns
im Folgenden vornehmlich mit der peinlichen, also
korrekten Form von Genuss beschäftigen: dem Essen
direkt aus dem Kühlschrank oder auf der Bettdecke
im Hotelzimmer, oder dem Nachtisch aus 700 Gramm
Bitterschokolade und zehn Eiern. Unter anderem.

Don't Yuck My Yum

An den Wänden amerikanischer Grundschulen hängen oft Zettel mit den Grundregeln zivilisierten Lebens unter Sechsjährigen. Eine davon lautet: »Don't yuck my yum«. Grob übersetzt: »Sag nicht igitt zu etwas, das ich lecker finde.« Was andere Kinder in ihrer Butterbrotdose haben, ob Erdnussbuttersandwiches oder Eiersalat, hat bitte nicht kommentiert zu werden, auf jeden Fall nicht abfällig. Des einen Delikatesse mag des anderen Brechmittel sein, was aber noch längst niemandem das Recht gibt, einem anderen den Appetit oder den Spaß zu verderben.

»Don't yuck my yum« ist natürlich eine nützliche Regel auch jenseits der ersten Schulklasse und der Butterbrote, und ich würde sie nicht erwähnen, wenn ich nicht den Eindruck hätte, dass das Yucken von Yums seit einiger Zeit zum Volkssport geworden ist. Erzählt jemand gut gelaunt vom geplanten Kurzurlaub in Tunesien, ist die Reaktion nicht selten ein gedehntes »Was wollt ihr denn *daaaa?*« oder gar die willkommene Information: »Da ist meiner Schwägerin letztes Jahr der Koffer geklaut worden.« Schwärmt man von einem Film, fühlt sich der andere nicht nur bemüßigt, genau zu erklären, warum er seinerseits den Film indiskutabel schlecht fand, sondern warum man selbst den Film ab sofort ebenfalls mies zu finden hat.

Frisur, Kleidungsstil, Trinkgewohnheiten, Lieblingsband, Lieblingsautor, Lieblingseis – je banaler die Geschmacksentscheidungen anderer sind und je weniger sie einen etwas angehen, desto größer die »Das geht doch *gar* nicht«-Lizenz zum Maulen und Miesmachen, so scheint

es. Einer Bekannten gegenüber erwähne ich mein Vergnügen an Daniel Hartwichs Moderationen in »Let's Dance«, die Reaktion war schon vorher klar: »Wie kann man sich so was nur angucken?« Nein, falsch: Wie kann man mir nur so den Spaß verderben? Was

hat sie davon? Inwieweit würde es ihre eigene Lebensqualität verbessern, wenn ich nicht mehr »Let's Dance« gucke? Rätselhaft.

Möglich, dass wir in einer Welt des Dauerkommentierens nicht mehr den Ausknopf finden. Wenn nahezu jeden Tag eine neue Empörung in den sozialen Netzwerken aufflammt, eine neue virtuelle Wirtshausschlägerei entsteht zwischen Veganern und Schlangenschuhträgern oder zwischen Putin-Verstehern und Putin-Versteher-Nichtverstehern, dann kann es schon mal passieren, dass man meint, immerzu meinen zu müssen, allzeit angriffslustig und unbedingt verteidigungsbereit, bis an die Zähne bewaffnet mit Urteilen und Verurteilungen – egal, wie egal es uns doch eigentlich sein könnte, woran sich andere erfreuen.

Das Verrückte ist, dass sich viele Leute geradezu persönlich beleidigt fühlen vom abweichenden Geschmack oder Lebensstil anderer – das gereizte Niedermachen wäre sonst nicht zu erklären. Noch verrückter ist lediglich, dass sie noch nicht mal persönlich involviert sein müssen, um sich angegriffen zu fühlen. Die bloße Vorstellung, es könne irgendwo auf der Welt ein glücklich verheiratetes schwules Paar geben, das man nie getroffen hat und dessen Existenz in keiner Weise etwas an der Qualität der eigenen Ehe ändert, sorgt bei vielen ja schon für Schaum vor dem Mund. Ressentiments sind nicht mit Vernunft aus der Welt zu schaffen – okay. Aber dass so viele mit ihren Ressentiments nicht mal vor dem kleinen oder großen Glück anderer haltmachen, ist einfach nicht zu begreifen. Leben und leben lassen, hieß es früher mal; doch wer noch nicht mal das Erste entspannt zu schaffen scheint, schafft das Zweite um so weniger.

Mitbringsel

Vor einiger Zeit hatten Freunde von mir mal eine verdammt gute Party-Idee namens »Drink your own bottle«. Sie packten sämtliche Weinflaschen auf den Tisch, die ihnen in den letzten Jahren von Gästen zu Essenseinladungen mitgebracht worden waren. Jeder von uns musste dann sein eigenes Mitbringsel identifizieren und leeren, was je nach Großzügigkeit des Gastes mal mehr, mal weniger erfreulich war. Doch bei dieser Übung ging es nicht darum,

Schenker von Tankstellenplörre zu beschämen, sondern einzig und allein um den Versuch, die stetig wachsende Sammlung von einsamen Flaschen zu dezimieren, die man immer schwer begeistert an der Wohnungstür entgegennimmt, dann in der Hektik auf die Anrichte oder den Küchentisch stellt und am Ende doch nie trinkt. Im Zweifel wickelt man sie irgendwann in frisches Papier und nimmt sie zum nächsten Dinner mit – idealerweise nicht bei den Schenkenden. Wobei es in Hamburger Journalistenkreisen eine Zeit lang üblich war, zu Einladungen eine Flasche Schneider Black Print mitzubringen, von der am Ende keiner mehr sagen konnte, ob es nicht doch immer nur ein und dieselbe Flasche war, die da kursierte. (Nehme ich sofort zurück – haltlose These angesichts meiner trinkfreudigen Branche.)

Wein ist natürlich, wie meist im Leben, das geringste Problem unter den zu entsorgenden Lebensmitteln. Viel anstrengender ist es bei anderen beliebten Mitbringseln für die Küche. Bei meinem letzten Umzug habe ich acht dekorative Töpfchen mit diversen Salzen gefunden, die unbenutzt in meinem Küchenschrank wohnten, unter anderem ibizenkisches Fleur de Sel, schwarzes hawaiianisches Salz, britische Mardon-Flocken und indisches Kala Namak, das stechend schwefelig riecht. Ich habe gerade gegoogelt, was man damit anfängt: Es soll veganen Gerichten den Geschmack von Eiern verpassen, und »in Jammu wird es erfolgreich gegen Struma eingesetzt«. Gut zu wissen, falls ich mal in Jammu bin und Struma habe.

Was macht man nun mit diesen Salzbergen? Eine »Eat your own salt«-Party scheidet aus, bleibt eigentlich nur, das Nudelwasser damit zu salzen, in dem man all die Beutel mit Fantasiepasta kocht, die einem ebenfalls ins Haus geschwappt sind: in den italienischen Farben quer gestreifte Farfalle oder sogenannte Motivnudeln in Form von Dinosauriern, Penissen und der Wuppertaler Schwebebahn oder »Sombrerini Multicolori«, die vermutlich genau so schmecken, wie sie heißen, wie mehrfarbige Strohhüte nämlich. Wir werden es nie wissen, denn wir werden sie nie kochen.

Denn all dieses Essen wird ausschließlich zum Zweck des Mitbringsels fabriziert. Was früher der Präsentkorb war (Standardzubehör: halbes Pfund Kaffee, Dose mit eingelegten Pfirsichen, Großpackung Merci), ist heute hübsche, aber sinnlose angebliche Gourmetware: Öle in dekorativen Bügelflaschen mit schwimmendem Zeugs drin oder kompliziert aromatisierter Aceto Balsamico, oder Risotto mit Gewürzmischungen in kleinen Leinenbeutelchen, liebevoll mit Bast zusammengebunden, oder alkoholreiche Marmeladen in nostalgischen Gläschen mit karierten Tüchlein über dem Deckel.

Darf ich mir was wünschen? Bei der nächsten Essens-
einladung bitte einfach ein halbes Pfund Butter mitbrin-
gen oder einen Sack Kartoffeln, oder ein Pfund Roastbeef
mit Remoulade. Dinge, die man wirklich braucht und tatsächlich isst. Gern auch, warum nicht, eine Flasche Single
Malt. (Bunnahabhain, Aberlour, Cardhu – ich will Sie da
keineswegs einengen.) Grundnahrungsmittel halt, wir verstehen uns.

Kochen

Seit 15 oder 16 Jahren mache ich Ende November ein
Thanksgiving-Dinner mit allen Schikanen. Über die Jahre
ist der Truthahn immer größer geworden, der Tisch voller,
die Nacht länger, der Kopf am nächsten Morgen dicker. Es
kommen stets dieselben alten Freunde, aber oft auch der
eine oder andere Neuzugang, eine mitgebrachte Kurzzeit-
liebe, ein neuer Nachbar, wer immer halt an die lange Tafel
geschwemmt wird oder gerade in der Stadt ist. In meiner
Wohnung gibt es 16 Stühle, wenn man Schreibtischstuhl
und Klavierhocker mitzählt, und so viele Leute kriege ich
locker satt. Mehr als satt. Pappsatt. Glücklich. Sie schwö-
ren, nie wieder was zu essen, vor allem nie wieder was von
meiner Chocolate Nemesis (700 Gramm Zartbitterschoko-
lade, 10 Eier, 600 Gramm Zucker, 200 Gramm Butter, das
war schon alles), aber ein Averna auf Eis, der würde schon
noch reinpassen. Oder ein Birnenbrand.

Dieses Essen ist für mich inzwischen ein Ritual, die Vorbereitung aber fast noch mehr. Anderthalb Tage lang in der Küche zu stehen, gemütlich eine Beilage nach der anderen zu kochen und zwischendrin bis zum Ellbogen in einem 22-Pfund-Truthahn zu stecken, finde ich so ziemlich das Befriedigendste, was ich mir vorstellen kann. Ich brauche keine Rezepte, ich kaufe ein, was gut aussieht auf dem Wochenmarkt, und ab da kocht es sich quasi von selbst. Oh, da sind ja noch Granatapfelkerne: Die sollten eigentlich in die Füllung, jetzt kommen sie halt auf den Salat. Und den Sternanis könnte man doch eigentlich mal ein bisschen in Balsamico erwärmen und ziehen lassen und dann vielleicht … Alles findet sich. Und spätnachmittags kommt irgendeiner vorbei und hilft mir beim Kartoffelschälen und beim ersten Glas Wein.

Ich glaube, dass jeder so ein Essen draufhaben sollte, auf das unbedingt Verlass ist. Eines, das man blind beherrscht und das seinen Platz im Kalender gefunden hat. Ein Münchner Freund macht an jedem 13. des Monats, egal, auf welchen Wochentag der gerade fällt, Spaghetti arrabiata für alle, die vorbeikommen. Die Sauce kocht er in gigantischen Mengen vor und friert sie ein, es ist immer genug da, und wenn ein paar Leute mehr kommen, wird einfach der nächste Topf Nudeln aufgesetzt. Es ist großartig, es ist stressfrei – und es ist vor allem genau die Art, wie man Essen behandeln sollte: als verdammt guten Anlass, sich mal wieder an einen Tisch zu setzen und zu reden. Und dabei neue Leute kennenzulernen oder alte Freunde neu zu erleben. Das ginge bestimmt auch so, mit Tellern und Gläsern geht es aber leichter.

Was ein Essen zu einem guten Essen macht: Es ist zwar Anlass, aber auch Nebensache. Kein Gedöns, keine Angebereien. Die allerbesten Essen brauchen noch nicht mal einen Einkaufstrip. Ich halte es für eine zivilisatori-

sche Grundtugend, jederzeit fünf unangekündigte Leute füttern zu können mit dem, was im Schrank ist. Mein Schrank ist natürlich entsprechend gefüllt: Risotto mit getrockneten Steinpilzen oder Wodka-Spaghetti (ideal für Liebeskummer-

kranke), oder ein Berg Kartoffelpüree mit Merguez und Balsamicozwiebeln, oder ein Salat aus dicken weißen Bohnen, Thunfisch aus der Dose und roten Zwiebeln – das geht immer, aus dem Stand. Und es schlägt jeden Lieferservice. »So, du setzt dich jetzt an den Küchentisch und machst den Wein auf«, sage ich in solchen Fällen – und dann den tröstlichsten Satz der Welt: »Ich koch uns jetzt mal was.«

Do not disturb

Es gibt doch nichts Ungezogeneres als Menschen, die ihre Room-Service-Tabletts einfach so vor der Zimmertür abstellen. Unappetitlich! Jetzt mal ehrlich, wer macht so was? Na, ich zum Beispiel.[1] Immerhin breite ich immer schön meine Serviette über den Teller wie über eine frisch geschossene Krimi-Leiche (»Gehen Sie weiter, es gibt hier nichts zu sehen«) und bemühe mich, das Tablett möglichst nicht in die Gangmitte zu stellen. Dann hänge ich das »Do not disturb«-Schild an die Tür und fühle mich schlagartig besser.[2]

Essen im Hotelzimmer hat etwas angenehm Asoziales. Eigentlich sollte man ja[3] »die Stadt erkunden«, aber in Wirklichkeit will man doch, vor allem wenn man gerade erst gelandet ist, lieber halb angezogen hinter halb zugezogenen Vorhängen im Bett liegen und sich durch den lokalen Fernsehtrash zappen, am liebsten italienischen, weil man da Blondinen-Bingo spielen kann[4].

Profis ordern am ersten Abend den Klassiker des Room-Service-Menüs: das Club Sandwich[5] – eines dieser seltsamen Gerichte, die man nur an genau dafür festgelegten Orten isst. Ein Club Sandwich ist wie Tomatensaft auf festem Boden, ein Ritual wie der Hotdog nach dem Ikea-Besuch, und zudem die stillschweigende Genehmigung des Hotelmanagements, zumindest ein klitzekleines bisschen das Zimmer zu verwüsten. Die Tomatenscheiben fallen sacht auf die Polyesterbettdecke in geschmackvollen Gelbtönen, die Mayo reicht vom linken bis zum rechten Ohr und harmoniert mit besagter Bettdecke, die Chips krümeln auf das Laken, also benutzt man später auch noch die andere Seite des Doppelbetts.[6] Chips? Hoffentlich, denn Pommes frites als Beilage zum Club Sandwich gäben Punktabzug. Und zwei- statt dreistöckig, ungetoastet und/oder kalt serviert, kein Speck sowie Zahnstocher ohne Lamettaverzierung doppelten Punktabzug.[7]

Was aber, wenn man das große Glück hat, gleich zwei Nächte in einer fremden Stadt zu bleiben? Dann darf man am zweiten Abend die Königsdisziplin wagen: das Hotelzimmerpicknick. Dazu schmuggelt man eine Plastiktüte voll köstlichem Junkfood aus dem Supermarkt um die Ecke am Portier vorbei[8], darunter eingeschweißten Käse, Wein in Schraubverschlussflaschen, Pudding in bedenklichen Farben, Kartoffelchips mit möglichst absurden Namen[9] und ein paar Weintrauben für das gute Gewissen. Das Hotelzimmer ist in kulinarischer Hinsicht ein rechtsfreier Raum. Kalorien, die auf dem Bett gegessen werden, zählen nicht.[10] Hier zu essen ist kindisches Abenteuer, reuelose Völlerei, blanke Lust, die völlige Unzuständigkeit. Es ist das Paradies: unbeobachtetes, unkommentiertes Leben. Allein dafür lohnt es sich zu verreisen.

1 Ich zahle schließlich nicht für Bett und Dusche, sondern für das Gefühl, nicht zu Hause zu sein.
2 Denn da draußen denken jetzt bestimmt alle, dass sich hier drinnen sagenhafter Sex abspielt.
3 Verzeihung, wenn ich kurz ins Reiseführersche abgleite.
4 Fünf Berlusconi-Girls hintereinander beim Umschalten = ein Fläschchen aus der Minibar.
5 Nicht wenige Hoteltester machen das zur Grundlage ihrer Sterne-Vergabe.
6 Ha!
7 Ich wusste, Sie würden fragen: Das Hilton in Mumbai und Harry's New York Bar in Venedig machen die besten Club Sandwiches weltweit. Und das, obwohl Harry's den Nachteil hat, dass man sich für das Sandwich vollständig bekleiden muss.
8 Könner tun das in einem Vuitton-Schminkkoffer.
9 Mein bisheriger Höhepunkt: ein Beutel »Megapussi«-Chips mit Dill in Helsinki. Schlagen Sie das.
10 Das steht so an der Zimmertür, gleich neben den Fluchtwegen im Falle eines Brandes.

Kochsouvenirs

Mein alter Freund Clemens, der ziemlich genau weiß, wie man mich fertigmachen kann, erledigte das vor Kurzem mal besonders elegant, indem er – wir kochten gerade – lange in meinen Küchenschubladen herumwühlte und dann fassungslos fragte: »Hast du etwa keinen Entsander?« Die Frage ist berechtigt, denn ich habe von Ananasentstrunker über Ausbeinmesser bis zu Austerngabeln und einem

Ausstechförmchen in Form eines Hummers praktisch jedes Küchenutensil unter der Sonne.[1] Aber einen Entsander? Wie konnte ich so was Unverzichtbares nicht besitzen? Hatte ich nicht jahrzehntelang topnützliches Zeug aus allen Ecken der Erde heimgeschleppt, Schneckenpfännchen und original Cannelés-Formen aus Bordeaux, aus Mailand einen Polentatopf, eine Parmesanmühle, einen Olivenentkerner und ein Trockengerüst für selbst gemachte Pasta, einen Caipirinha-Stößel aus Rio, fingerhutgroße Teeschalen aus Shanghai und ein thailändisches Obstschnitzset[2] sowie einen geriffelten thailändischen Sparschäler, der bildhübsche Gemüsejuliennes macht und echt total praktisch ist, besonders wenn man mal Gemüsejuliennes machen will. Liegt es daran, dass ich nur selten in Wüstenstaaten unterwegs bin, den unbestrittenen Marktführern in der Produktion von Entsandern? Ich brauchte drei Minuten, eine fachmännische Gegenfrage[3] und einen Blick in sein fieses kleines Grinsen, bis ich es kapiert hatte: Verarscht. Gibt's gar nicht, so einen Entsander. Blöd. Jetzt hätte ich nämlich gern einen.

Küchensouvenirs gehören zu den befriedigendsten Aspekten des modernen Tourismus. So sinnvoll, diese Anschaffung! So völkerverständigend! Auch zu Hause authentische Landescuisine mit Profiwerkzeug kochen und den Urlaub dadurch ad infinitum verlängern! Augenblicklich stellt man dann fest, dass sich so ein superscharfes 65lagiges Sashimi-Messer aus Suminagashi-Stahl tatsächlich lohnt, weil man ja jeden Tag acht Stunden lang Sashimi schneidet.[4] Ebenso wie der im Handgepäck transportierte zehn Kilo schwere granitene Mörser[5], mit dem man sein Currypulver wöchentlich neu aus Kurkuma, Bockshorn-kleesamen und circa 37 anderen Zutaten selbst herstellt. Köstlich! Am schönsten aber sind die universalen Einsatz-möglichkeiten der Mitbringsel. Aus dem obersten Küchen-schrank[6] zog ich eine indische Drahtkonstruktion, deren ursprünglicher Zweck mir schon vor zehn Jahren entfallen ist. »Clemens? Du suchtest den Entsander?«

1 Schon klar, dass wir noch nicht mal halb mit A durch sind, oder?
2 Mit dem man aus Melonen Schwäne, aus Gurken Drachen und aus Fin-gern Hackfleisch machen kann.
3 »Wozu brauchst du überhaupt einen Entsander, wir haben doch weder Feldsalat noch Schwarzwurzeln?«
4 Zumindest sollte man das dringend tun, denn die Dinger rosten schon dann, wenn man beim Zwiebelschneiden nur kurz feuchte Augen kriegt.
5 Vorsicht beim Öffnen der Gepäckfächer. Gegenstände können sich wäh-rend des Flugs ... – aua!
6 Der normalerweise ausschließlich der Aufbewahrung abgelaufener Le-bensmittel dient.

Kühlschrank-Cuisine 1

Seit einigen Jahren wohne ich allein, zunächst nicht freiwil-lig, inzwischen aus tiefster Überzeugung. Es scheint mir die menschenwürdigste, blutdrucksenkendste, Frieden-auf-Er-den-förderndste Existenzform, jenseits aller Sozialkontrol-le ein rechtfertigungsfreies Leben führen zu dürfen. Kei-nen schert es, wenn ich mein Geld für Blumensträuße,

Falschpark-Strafzettel und Hundespielzeug in Form von Hummern ausgebe. Niemand behelligt mich mit Sätzen wie »Du bist ja immer noch im Bademantel!« oder »Wolltest du nicht laufen gehen?«, oder »Wir könnten doch mal wieder…« Und nie wieder muss ich die allerschlimmste Frage von allen beantworten oder gar selbst stellen: »Was willst du heute Abend essen?«

Was ich heute Abend essen will, weiß ich nicht und will es auch nicht wissen. Das werde ich dann schon sehen, wenn es so weit ist. Jedes Nachdenkenmüssen über vermutlichen zukünftigen Appetit erinnert mich sofort an Speisezettel in Reha-Kliniken, auf denen man bitte drei Tage im Voraus ankreuzen muss, ob man Stammessen 1, Stammessen 2 oder die vegetarische Option wünscht. Ich. Weiß. Es. Nicht. Ich verweigere die Aussage. Lieber esse ich nichts als etwas, das ich schon drei Tage vorher festgelegt habe. Es soll ja Menschen geben, die schon am Montag die Kantinenwochenpläne studieren und sich auf den Donnerstag freuen. Andererseits gibt es auch Menschen, die Unheilig hören.

Deshalb ist es höchste Zeit, eine Ode auf jenes größte aller Festmähler zu singen: dasjenige, das man sich allein bereitet, nachts um eins in der Küche. Im Mantel. Im Stehen. Ohne Teller. Beschienen vom sanften Licht des geöffneten Kühlschranks.

Kühlschrankcuisine ist eine Kunst, der bislang viel zu wenige Bücher gewidmet wurden. Gar keines, soweit ich das überblicke. Sehr schade, denn hier vereinen sich Kühn-

heit, Schnelligkeit, Improvisationsgabe und Geschmacks-
abenteuerlust zu einem kulinarischen Hochgenuss. Kühlschrankcuisine ist, was man wirklich essen will. Nicht, was
man essen sollte, weil es sich so gehört, oder essen müsste,
weil es knapp vor Ablauf des Verfallsdatums ist. Hilfsmit-
tel sind erlaubt, aber nicht nötig. Zwei Schinkenscheiben,
anmutig um eine Gewürzgurke geschlungen. Ein kaltes
Wiener Würstchen, in eine Ketchupflasche getunkt. Ein
weich gekochtes Ei, gepellt, oben abgebissen, das Eigelb
mit einem guten Quetscher aus der Balsamicosenftube ver-
rührt, bisschen Meersalz drüber – fantastisch. Eine halbe
Avocado mit Tabascosauce beträufeln, aber von der grü-
nen, milderen Sorte. Eine leider schon etwas harte Scheibe belgisches Sauerteigbrot in die Pfanne schmeißen, leicht
anbrennen lassen, »Sultans Freude«-Frischkäse von Hof
Butendiek drauf, ein paar getrocknete Aprikosen drüber.
Und dann alles über der Spüle essen, unter mächtigem Kra-
chen und Krümeln. Und hey, da ist ja sogar noch ein Bier
im Kühlschrank! Oder doch lieber eine Kugel Vanilleeis in
Orangensaft werfen, Schuss Wodka rein, eine Schlamm-
bowle for one?

Und Sie so, liebe Leser? Was sind Ihre besten Rezepte kulinarischer Verwahrlosung? Bedingung: in unter fünf
Minuten fertig und in unter zwei Minuten zu essen. Wenn
genug zusammenkommt, folgt hier demnächst Teil 2.
Schaffen wir locker, oder?

Kühlschrank-Cuisine 2

Wie das wieder geklappt hat! Tausend Dank für die rege Beteiligung an meinem Versuch, die kühnsten Mitternachtssnacks, besten Essen-ohne-Teller-Gerichte und sonstige Küchensauereien zusammenzustellen, die in unter fünf Minuten gelungen und in unter zwei Minuten verschlungen sind. Mein Aufruf hat reiche Ernte gebracht. Für ein Buch, wie einige vorschlugen, reicht es nicht ganz, ein weiteres Plädoyer für die kulinarische Verwahrlosung ist aber allemal fällig. Und erst recht »eine sich selbst verfassende Kolumne«, wie Leser Martin K. messerscharf erkannt hat.

Ich halte mich an den Wunsch der meisten Beiträger, anonym bleiben zu wollen (»zu peinlich!«). Michael G. empfiehlt Topinky, die böhmische Version von Bruscetta: »In Butter geröstete Sauerteigbrotscheiben, mit reichlich Knoblauch eingerieben und kräftig gesalzen. Ganz Verwegene könnten ein bisschen Dosenhering in Tomatensauce hinzuziehen. Geht aber wirklich nur, wenn man alleine ist (und am besten am nächsten Tag auch noch).« Angela G. tunkt fingerdicke Streifen Leerdammer in süßen Händlmaier-Senf, Bernd B. rührt eine Dose Thunfisch, eine Dose Mais, eine kleine Zwiebel, Pfeffer, Salz, Essig, Öl zusammen: »Fantastisch für eine kleine Vorspeise nachts um zwei.« Patricia G. stellt sich an die Spüle, isst Mozzarella gleich aus der Packung und tröpfelt vor jedem Bissen Balsamicoessig drauf. Ute C. serviert sich Salzletten mit Mayo-dip oder Paprikaschote in Streifen, mit Balsamicocreme beträufelt (»schmeckt wie Salat, geht aber viel schneller«).

Ohnehin großartig die Fast-Food-Varianten klassischer Gerichte: Jochen W. bestreicht eine Scheibe Puten- oder Hühnerfilet mit Thunfischcreme, packt drei Kapern drauf und rollt sie zusammen: »Vitello to go.« Wendy hat eine Blitzversion von Eggs Benedict erfunden: ›Schüsselchen raus. Mit einer oder zwei Scheiben Schinken auslegen, ein rohes Ei hineinklopfen (Dotter MUSS ganz bleiben). Eine Minute in die Mikrowelle (das Eigelb darf noch flüssig sein) – aufpassen, dass es einem nicht um die Ohren fliegt (Übung macht die Meisterin). Inzwischen Toast toasten. Fertig-Hollandaise aus dem Tetrapack drüber, wieder in die Mikro, bis die Hollandaise blubbert (30 Sekunden). Eine Scheibe Käse drüber, wieder Mikro, bis der Käse schmilzt. Alles auf den Toast. Genießen und sich dabei vollkleckern.«

Ansonsten habe ich gelernt: Käse kann man in Salami-scheiben rollen und Salami in Käsescheiben, Käse kann man mit Tomatenmark bestreichen oder mit Dijon-naise, oder mit Marmelade (und anschließend natürlich rollen). Schöne Idee von Anke W.: Wenn ein Salatkopf schon schlapp macht, kann man die Blätter immer noch als Wrap-Material nutzen. Was kalt war, wird heiß gemacht (Bernd H.: Kartoffelsalatreste aus der Pfanne), was heiß war, kalt genossen (Jutta M: kalte Spaghetti mit Sojasau-ce), und Ueli H. hat gleich ein ganzes Menü komponiert, Höhepunkt: Sorbet vom Salzgurkenwasser mit Kümmelkorn. Auch für Nachspeisen ist gesorgt: Martin K. schneidet einen nicht allzu süßen Apfel in Spalten, lässt auf die eine Seite etwas Meersalz rieseln und streicht auf die andere Honig. Charlotte D. sprüht Fertigsahne auf zwei Toastscheiben und packt Marshmallows oder Gummibärchen dazwischen.

Um die nächtliche Grundversorgung muss man sich also keine Sorgen machen. Proteste kamen lediglich vonseiten einiger PAGIDA-Demonstranten (Paarmenschen gegen die Individualisierung des Abendessens), die das alles traurig und bemitleidenswert finden, wenn ich es richtig verstanden habe. Die nach meinem Eindruck deutlich glücklicheren Paare jedoch stehen gemeinsam vor dem Kühlschrank, im Bademantel oder Schlafanzug, und zelebrieren die schönsten Gelage im Stehen. Sie wissen genau, wen ich meine, nicht, Gabriele B.?

Urlaubslektüre

»Aaaach, endlich mal in Ruhe ein gutes Buch lesen«, seufzen die Leute in den Wochen vor ihrem Urlaub, und natürlich ist das eine fette Lüge. In Wirklichkeit fährt man weg, um endlich mal in Ruhe ein paar schlechte Bücher lesen zu dürfen. Denn während sich unsere Nachttische zu Hause selbstverständlich unter russischer Exilliteratur, den vernachlässigteren Vertretern des französischen Symbolismus sowie den frühen Werken von Tomas Tranströmer[1],

Gao Xingjian[2] und Herta Müller[3] biegen, zeigt ein Blick in einen beliebigen Flughafen-Buchladen, was wirklich in den Koffer kommt: irgendwas mit tapferen Wanderhuren oder skandinavischen Serienkillern, oder minderjährigen Vampiren, sofern sie mit Prägecover und mittagsschlaffreundlichen Kapiteln à nicht mehr als zehn Seiten geliefert werden.[4] Mit anderen Worten: Bücher, die einen bereits auf dem Flug oder am besten sogar schon am Flughafen selbst von den Schrecken des Reisens ablenken, den Verspätungen und wechselnden Gates und Styroporbrötchen in atmungsaktiver Plastikfolie.

Dabei ist es ja nicht so, dass man nicht auch pflichtschuldig ein gutes Buch eingepackt hätte, ein »Dazu komme ich zu Hause nie«-Buch, ein Vieldiskutiertes, staatsbürgerlich Wertvolles[5] – also in etwa das, was jedes Jahr zur Urlaubszeit bei einschlägigen Umfragen auch Politiker als Ferienlektüe angeben.[6] Nur lehrt die Lebenserfahrung: Was man zu Hause nicht schafft, schafft man im Urlaub gleich doppelt nicht. Und muss dann das schöne bedeutende Werk wieder heimschleppen, um es ins Regal zu seinen ungelesenen Brüdern in die Abteilung »Irgendwann mal« zu stellen.[7]

Wie viel befriedigender ist dagegen die Airport-Literatur! Die kann man am Ende der zwei Wochen, in denen sie ebenso aufgequollen ist wie man selbst[8], ohne jedes schlechte Gewissen in den Hotelpapierkorb entsorgen. *Fump!* Wie befreiend, wie beflügelnd! Das ist die wahre Erholung: Nach so einer Lektüre fällt so richtig alles von einem ab.

1 »Weil er uns in komprimierten, erhellenden Bildern neue Wege zum Wirklichen weist«

2 »Für sein Werk von universaler Gütigkeit, bitterer Einsicht und sprachlichem Sinnreichtum«

3 »Die mittels Verdichtung der Poesie und Sachlichkeit der Prosa Landschaften der Heimatlosigkeit zeichnet« – um hier kurz und aus dem Gedächtnis die Begründungen der Nobelpreis-Jury zu zitieren.

4 Haben Sie da auch gerade »mittagsschlaff« gelesen? Gut. So war das auch gedacht.

5 Für den Urlaub gern auch mal in der Light-Version, zum Beispiel was von Joachim Gauck und/oder Richard David Precht.

6 Wobei denen auch da nicht zu trauen ist. Alle vier Bände von Thomas Manns »Joseph und seine Brüder«, Annette Schavan? Wirklich? Und »Ethische Probleme der Informatik«, Frau Leutheusser-Schnarrenberger? Übertreiben Sie's man nicht.

7 Den Buchrücken sechs-, siebenmal an strategisch günstigen Stellen geknickt.

8 Salzwassergesättigt, von Sonnenschutzfaktor 30 und Stracciatella verschmiert und mit abgelaufenen Seilbahntickets zwischen Seite 472 und 473. Das Buch, natürlich.

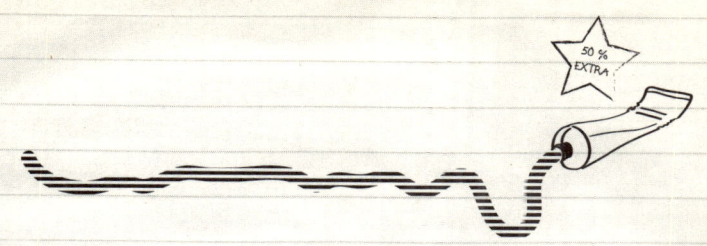

ABSPECKEN

Von der Idee des Minimalismus habe ich, bilde ich mir ein, zum ersten Mal in den Achtzigern gehört, im Zuge der großen Japan-Welle mit ihren grässlich harten Futons, die das Zeitalter des Exzesses mit seinen ebenso grässlich harten Schulterpolstern ablöste. Weniger ist mehr, das bedeutete damals: Sushi und Jil Sander und der reiche Typ aus »9 ½ Wochen«, der nur weiße Hemden und schwarze Anzüge im Schrank hängen hatte. Es schien alles ein bisschen ... karg. Rigide. Lebensunfreundlich. Ginge es nicht eigentlich darum, sich das Leben so angenehm wie möglich zu machen?

Heute, knapp 30 Jahre später, beschäftigt mich das Thema auf eine andere Weise: eher aus der Position von jemandem, der schon eine Menge mitgenommen und mitgemacht hat im Leben. Die Frage bleibt: Wie sieht ein gutes Leben aus?

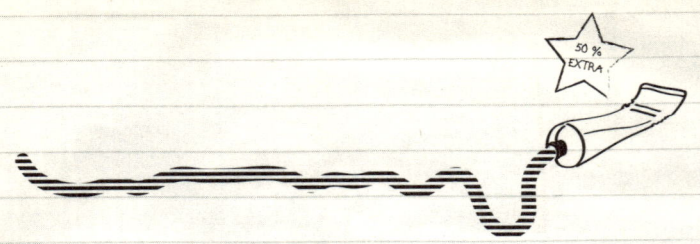

Was brauche ich zum Glücklichsein? Worauf kann ich verzichten? Heute geht es nicht mehr um Askese, sondern um eine Inventur der eigenen Bedürfnisse, die sich über die Jahre immer wieder ändern. Will ich wirklich noch das Auto, die Wohnung, den Körper und alles andere, was ich mit 25 für die Erfüllung aller Träume hielt? Oder nicht doch lieber Zeit und Freiraum?

In diesem Kapitel geht es um das Sparen genauso wie ums Prassen, um das Weniger ebenso wie um das Mehr. Weniger vom einen, mehr vom anderen – wir müssen uns immer wieder neu entscheiden, auf welcher Seite dieser Wippe wir sitzen wollen.

Entoptionalisierung

Den Februar verbringe ich auf Spiekeroog, einer Insel, die stolz auf das ist, was sie alles nicht hat. Keinen Autoverkehr, keine Hotelklötze, keine Strandpromenade, nicht mal einen Fahrradverleih, und einen Golfplatz schon gar nicht. Die Landschaft um das 750-Seelen-Dorf ist naturgeschützt, die Wälder und Dünen dürfen nicht betreten werden. Es gibt im Wesentlichen zwei gepflasterte Hauptpfade, auf denen man sich bewegen kann: einen zum Zeltplatz im Westen, einen Rundweg Richtung Osten. Die Fähre legt ab, wie es den Gezeiten passt: ein- bis zweimal am Tag und wenn man Pech hat, morgens um sechs.

Als ob die Optionen nicht schon übersichtlich genug wären, wird es im Winter noch mal einen Zacken härter. Die Insel ist wie ausgeknipst, fast alle Geschäfte, Restaurants und Hotels sind geschlossen. Der Inselbäcker hat zu, der Buchladen hat zu, das Zweimal-die-Woche-Inselkino hat zu, das Inselbad nur am Wochenende auf, der Supermarkt macht zweieinhalb Stunden Mittagspause. Weil die Fracht vom Festland derzeit seltener kommt, kann es sein, dass man sich im kleinen Delikatessengeschäft nur zwischen drei Joghurtsorten entscheiden kann. Im einzigen Café gibt es Kartoffelsuppe mit Krabben, Kartoffelsuppe mit Wurst und Kartoffelsuppe.

All das macht das Leben wundersamerweise nicht etwa schwieriger, sondern einfacher. Keine Optionen zu haben bedeutet, keine Entscheidungen treffen zu müssen. Nichts können heißt nichts sollen. Keine Wahl, keine Qual. Und wenn es nichts zu tun gibt, tut man endlich das, was man immer schon wollte: lesen, schlafen, spazieren gehen. Oder auch einfach: nichts. Nach einigen Tagen wird aus dem Mangel ein Plus: Schnell macht sich das befreiende Gefühl der Entoptionalisierung breit, Erleichterung darüber, dass das Leben einfach mal auf Diät gesetzt wird. Unser täglich Überangebot führt im Schlepptau ja oft eine seltsame Unzufriedenheit mit sich: das nagende Gefühl, es hätte doch noch was Besseres, Günstigeres, Schöneres gegeben, wenn man nur länger geguckt, sich besser informiert und sorgfältiger verglichen hätte. Aus der latenten Überforderung durch das Zuviel erklärt sich nicht nur das wachsende Bedürfnis nach Gegengiften wie Klosterferien, Schweigewochenenden und Fastenkuren, sondern auch das Tchibo-Phänomen, das einen zum Fusselrasierer greifen lässt, obwohl man nie einen gebraucht hat – aber es gibt halt nur den einen, und das auch nur eine Woche lang.

Ich plädiere nun weiß Gott nicht für das DDR-Prinzip – es gibt nur drei Fliesen, und von denen ist gerade keine lieferbar –, sondern für ein entspanntes Nachdenken darüber, wann das ständige Wählenkönnen eine Bereicherung ist und wann eine Belastung. Das muss jeder für sich selbst herausfinden. Ich zum Beispiel brauche das Gefühl, immerzu und überall Zugriff auf jedes Buch zu haben, das mich gerade interessiert – sogar auf Spiekeroog. Ein Hurra also auf das 21. Jahrhundert und seine Erfindung des E-Readers.

Genauso brauche ich das Gefühl, morgens nicht eine Sekunde darüber nachdenken zu müssen, was ich anziehe: Seit fünf Jahren trage ich ausschließlich Blau. Ich bin mal zwölf Monate lang mit einem 20-Kilo-Koffer voller blauer Sachen gereist, habe dabei nicht das Geringste vermisst und bei meiner Rückkehr beschlossen, dass das so bleiben kann.

Wir haben das unverdiente Glück, in eine der optionsreichsten Zeiten und eines der optionsreichsten Länder der Welt hineingeboren zu sein, es wäre grotesk, sich darüber zu beschweren. Aber eine dieser Optionen ist es eben auch, manchmal keine haben zu wollen.

Die obligatorische Zahnpastatuben-Kolumne

Vor einigen Wochen war ich knapp davor, eine leere Zahnpastatube wegzuwerfen und eine neue auszupacken. Zumindest dachte ich das: leer. Dann stellte ich sie auf den Kopf und stellte fest: Da ist ja noch was drin, das geht bestimmt noch einen Tag. Falsch: Das ging noch weitere zehn

Tage. Am Ende, als wirklich nichts mehr herauszuquetschen war, habe ich sie aus reiner Das-wollen-wir-doch-mal sehen-Bockigkeit aufgeschnitten – und es reichte für weitere zwei Tage.

Das Verrückte daran ist, dass ich die ganze Zeit geradezu ungeduldig darauf gewartet habe, dass das verdammte Ding endlich leer ist. Ich konnte es kaum aushalten, von dem Augenblick überrumpelt zu werden, wo wirklich nichts mehr drin ist. Gibt es eigentlich psychologische Studien über dieses peinliche kleine Glücksgefühl, eine neue Packung anzubrechen, eine neue Shampooflasche aufzuschrauben, aus der es ohne viel Quetschen willig fließt – und über das Gegenteil, das fast schon physische Unbehagen, wenn etwas fast alle ist, aber eben nur fast? In meinem Fall ist es vielleicht genetisch: Meine Tante beispielsweise hat die Angewohnheit, hinter jede angebrochene Schachtel im Schrank sofort eine neue zu stellen – aber die ist auch Nachkriegsgeneration, diese Ausrede habe ich nicht. Wieso haben selbst wir, die wir immer alles kriegen können, die im Land von Milch und Honig aufgewachsen sind, diesen *horror vacui*, warum haben wir Angst vor der Leere?

Ärgerlicherweise macht es diese Macke den Herstellern wahnsinnig einfach, uns Dinge zu verkaufen, die wir nie ganz aufbrauchen – und wenn, dann zusätzlich unter erschwerten Bedingungen. Mein Lieblingsdeoroller hat eine runde Kappe: völlig unmöglich, ihn auf den Kopf zu stellen. Seit Jahrzehnten baue ich ihm im Bad fluchend eine kleine Handtuchmulde, wenn es dem Ende zugeht. Dasselbe gilt für das Duschgel: rundliche Kappe, wacklig balanciert es am Badewannenrand, mühsam gestützt von anderen, volleren Flaschen. Natürlich hat das Methode. Vor Jahren habe ich mal in einem Gespräch mit Jil Sander den schönen Ausdruck »strukturelle Verunmöglichung« gelernt. Sie benutzte ihn, um zu beschreiben, wie sie, die Topfpflanzenhasserin, in ihren Fertigungsstätten Topfpflanzen verhinderte: indem sie alle Fensterbretter abschrägen ließ. Meine Güte, hat Nivea gut von ihr gelernt.

Seit der Tuben-Epiphanie jedenfalls befinde ich mich in einem kleinen Feldversuch, der sich bis in die Küche erstreckt: Wird es mir wenigstens einmal gelingen, wirklich alles, was ich in der Wohnung habe, komplett zu verbrauchen? Ein einziges Mal alle Vorräte zu nutzen, ohne nervös in den Supermarkt zu rennen, wenn nur noch zwei Joghurts da sind? Und alles Gekaufte auch wirklich aufzuessen? Die Deutschen sind Weltmeister im Mülltrennen, aber auch nicht übel im Müllmachen: Pro Jahr werden 82 Kilo Lebensmittel pro Nase weggeworfen, im Wert von etwa 235 Euro, sagt das Verbraucherministerium. Zu hastig nach Feierabend eingekauft, zu viel am Wochenende auf Vorrat in den Einkaufswagen gepackt – und dann zu mäklig wegen Schrumpelfaktor die Äpfel entsorgt und wegen eines knapp überschrittenen Haltbarkeitsdatums die Milch.

Bis jetzt halte ich seit einer Woche durch, ohne einen Supermarkt betreten zu haben. Stimmt, ich esse auch Dinge, auf die ich gerade keine Lust habe (wieso, zum Teufel, habe ich mir mal eine Kartoffel-Meerrettich-Suppe gekauft?), aber die Schränke leeren sich. Wenn auch verblüffend langsam – ich schätze, ich könnte bis Weihnachten so weitermachen, ohne zu verhungern. Ein einziges Mal möchte ich das werden, was ich doch angeblich seit mehr als fünfzig Jahren bin: ein Verbraucher.

Fressen & Moral

Früher hat man in der Gastronomie den Gewinn mit Getränken gemacht, so die goldene Regel. Nach meinem heutigen Mittagessen bei einem sogenannten besseren Italiener würde ich vermuten: Inzwischen wird die Kohle mit Pasta gemacht. Das billigste Hauptgericht, ein Tellerlein Spaghetti mit Tomatensugo und einer einsamen, leicht deformierten Gamba: 18 Euro. Geschätzter Wareneinsatz: drei Euro. Nee, eher zwofuffzig. Gewinnmarge: Ach, rechnen Sie's selbst aus. Das sind dann so die rar gewordenen Momente, wo ich doch mal wieder anfange, in D-Mark zu kalkulieren: 35 Mark 20 für einen gottverdammten Teller Nudeln. Als der Kellner später beim Kassieren eine »Zwischenrechnung« brachte – meist ein Zeichen, dass die Einnahmen an der Steuer vorbeigeschleust werden sollen –, habe ich aus purer Bosheit einen Bewirtungsbeleg verlangt, obwohl ich ihn gar nicht einreichen wollte. Nicht mit mir, Leute, und schon gar nicht für so ein Essen.

Selber schuld, was gehste auch in den teuren Laden, nicht? Völlig richtig. Denn die Zeiten, als teuer ein Synonym für gut war, sind tatsächlich passé. Der Preis ist kein Hinweis mehr auf die Qualität, teuer heißt heute hauptsächlich: teuer. Seitdem sich herumgesprochen hat, dass in gewisse italienische Designermarken quasi unsichtbare Schildchen mit der Aufschrift »Bitte nicht tragen, fällt sonst nach der dritten Reinigung auseinander« eingenäht sind, seitdem jeder weiß, dass in 200-Euro-Cremetiegeln das Gleiche drin ist wie in 15-Euro-Töpfchen aus dem Drogeriemarkt, und dass 30-Euro-Lippenstifte in der Herstellung einen Euro kosten (der Großteil davon entfällt auf die Verpackung), hat der blinde Glaube an den Preis ziemlich gelitten.

Selbst Experten blicken nicht mehr durch: Neulich gab es einen interessanten Weinvergleich, bei dem die Tester unter anderem den Preis raten sollten – bei nahezu allen Flaschen lagen sie meilenweit daneben. Die teuren wurden für billig gehalten und umgekehrt. Bei einer britischen Studie gab man Probanden exakt dieselben Weine zu trinken, die einmal als teuer, einmal als billig klassifiziert wurden. Durch die Bank wurden die »teuren« Weine als besser schmeckend empfunden, weil die Belohnungssysteme im Gehirn aus allen Rohren feuerten und alle Geschmacksnerven übertönten.

Ähnlich dürfte es sein, wenn man einen Platz im angeblich teuersten Restaurant der Welt reserviert, dem SubliMotion auf Ibiza. Dort kostet ein 20-Gänge-Menü 1500 Euro, pro Person, versteht sich. Der spanische Sternekoch Paco Roncero inszeniert eine multisensorische Erfahrung aus Licht, Geräuschen, Farbe, Trockeneisnebeln, Roboterarmen und vermutlich auch Essen. Eine Schaltzentrale steuert jedes Detail bis zu wechselnden Temperaturen und Luftfeuchtigkeitsgraden, es gebe Momente der Freude, Angst, Besinnung und Nostalgie, tönt die PR. Nach einem gemütlichen Abend klingt das nicht: »Gäste werden eine Welt an Sinneswahrnehmungen bereisen, vom Nordpol, wo sie einen kalten Snack aus ihrem eigenen Eisberg herausschlagen werden, bis ins barocke Versailles, wo die Eleganz einer Rose in ihren Mündern zergehen wird.« Jessas.

»Wir würzen mit Aufregung«, verspricht der Koch in einem Video auf der Website des Restaurants. Keine Ahnung, was das Kilo Aufregung derzeit netto so kostet, aber der Wareneinsatz wirkt überschaubar. Der Hunger nach Erlebnissen hingegen – speziell dem Erlebnis, obszön viel Geld zu verpulvern –, scheint unstillbar. Wenn das Belohnungszentrum anders nicht mehr aufzuwecken ist – okay. Ich könnte Ihnen aber auch einen schicken Teller Spaghetti für … ach, sagen wir, 29 Euro kochen. Freundschaftspreis.

Steckerwahn

Vor Kurzem bin ich von einer sehr, sehr großen Wohnung in eine sehr, sehr kleine umgezogen. Von sechs Zimmern Altbau in ein Zimmer Neubau, von einer fünf Meter langen raumhohen Bücherwand zu einem achtundsiebzig Zentimeter breiten Regalbrett, auf dem jedes neue Buch das Aussortieren eines alten bedeutet (okay, ich schummle ein bisschen mithilfe eines E-Readers): Ich wollte Ballast abwerfen, ich wollte mein Leben simpler, übersichtlicher, schwereloser haben. Es war der entspannteste Umzug meines Lebens: Weil ich nur zwei Straßen weiter zog, trug ich immer mal beim Gassigehen eine blaue Ikea-Tasche mit Kram in die neue Bleibe. Das Sofa, einen Tisch, zwei Stühle, ein Regal, einen Teppich, eine Stehlampe und eine Matratze brachten zwei Jungs für 150 Euro plus Mehrwertsteuer. Die vier Teller in den Küchenschrank gepackt, die Bücher ins Regal geschichtet, die Klamotten in den Schrank gehängt, die Vase auf den Tisch gestellt: In einer halben Stunde war ich eingerichtet. Und guckte mich um: Gott, ist das schön leer hier. Luft! Freiheit!

Jetzt, ein paar Monate später, ist es voll. In den Schubladen findet sich Zeugs, das ich nie gewollt habe, das mir in die Wohnung gespült wurde wie Treibholz. Garantieerklärungen für die Küchengeräte in zehn Sprachen. Netzsteckerteile für japanische, russische und amerikanische Steckdosen, geliefert mit dem neuen Drucker. Irgendein schwarzes Plastikteil, mit dessen Hilfe ich drei Telefone an irgendwas anschließen könnte. Vermute ich zumindest. Kam es mit dem Router? Mit dem Drucker? Keine Ahnung. Drei kleine Plastikstäbchen mit Schaumstoff an den Enden für das Reinigen von Computertastaturzwischenräumen, die unverlangt mit der Computermonitorreinigerflüssigkeit geliefert wurden. Zwei Paar zusätzliche Ohrstöpselabdeckungen für besonders große und besonders kleine Gehörgänge, geliefert mit den neuen In-Ear-Kopfhörern. Plus ein zusätzlicher 6,35 mm-Klinkenstecker. Und ein kleines Täschchen für Weißichnicht. Und ein graues Bändsel für Keineahnung.

All das brauche ich nicht. Wirklich nicht. Wirklich nicht? Vielleicht ziehe ich ja eines Tages mit meinem Drucker nach Russland, man weiß ja nie. Und dann würde ich schön 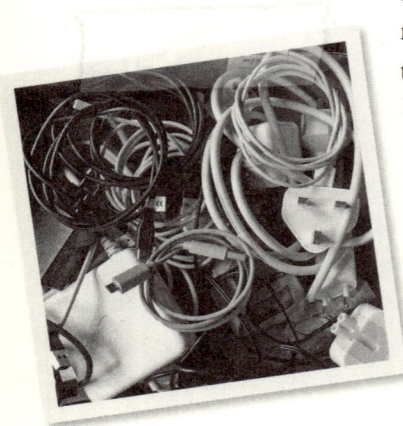 blöd gucken, wenn ich kein russisches Netzsteckerteil hätte, das ich zu dem Zeitpunkt bestimmt weder in Russland noch in Deutschland bekommen würde. »Wir haben es Ihnen doch damals mitgeliefert, haben Sie etwa…?« Und werde ich nicht größere Ohren bekommen im Alter? Spätestens in zehn Jahren wären die XL-Ohrstöpseldinger ein Gottesgeschenk. Und was, wenn eines der Technikteile kaputtgeht, dann muss man doch das ganze Paket (oh, wo ist eigentlich der Karton?) inklusive aller Extrateile und Kabelbinder an den Hersteller zurückschicken, da kann man doch nicht einfach was entsorgen, das war schließlich Teil des Lieferumfangs.

Lieferumfang heißt bei mir nichts anderes als: Man packt mir ungebetenes Zeug zum Gerät, und ich bin geliefert. Alles kann ich wegwerfen, mich leichten Herzens trennen. Aber keine Kabel, keine Stecker, keine Braucht-man-irgendwann-für-irgendwas-ich-bin-nur-zu-doof-dafür. Ich bin das perfekte Opfer für das systematische Zuviel der Technikproduzenten.

In meiner neuen Wohnung hat der Elektriker ungefragt drei Telefonbuchsen installiert und fünf Buchsen für einen Fernsehanschluss (fünf! Auf 38 Quadratmetern! Ich habe nicht mal einen Fernseher) und allein neben dem Bett sechs Steckdosen. Warum? »Man weiß ja nie«, sagte er. Bestimmt hat er recht.

Ich muss dringend wieder umziehen.

First World Problems

In Supermärkten halte ich mich meist unverantwortlich lange vor den Regalen mit Junkfood auf, mit Knabberzeug und Süßigkeiten. In letzter Zeit hat sich die Verweildauer eher noch erhöht, weil ich so fasziniert bin vom Phänomen der Vergourmetisierung dieses Schrotts. Es gibt kaum noch normalsterbliche Kartoffelchips mit Salz und/oder Paprika, stattdessen kommt das Zeug in edelmatten Tüten daher und in immer irreren Geschmacksrichtungen: mit karamellisierten Zwiebeln und Balsamico, Grillhähnchen und Thymian, geräuchertem Monterey-Chili und Ziegenkäse, mindestens aber mit Meersalz und gestoßenem Pfeffer. Die Kartoffeln sind aus regionalem Anbau (»nur von bester Qualität aus den Regionen Lüneburger Heide, Oberpfalz und Niederbayern«) und werden mit Schale in Scheiblein gehobelt, anschließend zärtlich durch Öl aufrechter deutscher Sonnenblumen gerührt und als Hof- oder Kessel-Chips für das Doppelte des normalen Preises verticht. Oder für das Vierfache, wenn sie »mit schwarzen Trüffeln« (= einer Prise künstlichen Trüffelaromas) verfeinert sind.

Der Trend, das Banale zum Luxusprodukt aufzumotzen, hat vor ein paar Jahren mit Edel-Currywurst begonnen, dann den Limonadenmarkt umgekrempelt und ist über Manufaktur-Spaghetti längst im Schokoladenregal angekommen, wo Jahrgangs- und Plantagenschokolade – sorry: Chocolade –, natürlich nur aus besten Criollo-Bohnen mit geringem Anthocyan-Gehalt, für locker vier bis sechs Euro pro Täfelchen weggeht. Das neue Ding in den Coffeeshopketten ist derweil Cold Brew: mit kaltem Wasser aufwendig extrahierter Filterkaffee. Unstillbar ist der Hunger auf immer neue Sensationen, unstillbar das Distinktionsbedürfnis, sich mit dem Kauf des absurdesten Zeugs als was Besseres zu fühlen.

All das ist natürlich ein klassisches FWP, ein *first world problem,* wie das in den sozialen Medien immer lässig abgemeiert wird. Also ein Thema, mit dem man sich lediglich als Bewohner der wohlhabenden westlichen Staaten beschäftigt, ein Luxusproblem, das 95 Prozent der Weltbevölkerung rasend gern hätte. Im Netz finden sich seitenlange Sammlungen solcher FWPs, Jammereien auf höchstem

Niveau, hart an der Grenze zur Satire und oft darüber hinaus: »Der Film im Flugzeug war länger als der Flug, und ich habe das Ende nicht gesehen.« »Mein iPhone ist runtergefallen und hat das Display von meinem iPad zerbrochen.« »Ich hasse meinen Job, aber ich verdiene zu viel, um einen Jobwechsel zu rechtfertigen.«

Das ist natürlich rasend lustig zu lesen – bis man mal anfängt, darüber nachzudenken, wie viele der eigenen Marotten und Meckereien sauber ins Genre FWP passen. Wenn ich mir selbst so zuhöre, würde ich schätzen: Selbst jenseits dieser kleinen Kolumne hier, die mich ja von Berufs wegen zur Beschäftigung mit Phänomenen wie eingebildeter Lebensmittelunverträglichkeit oder dem Daseinszweck der Apple Watch verdammt, sind sicher immer noch 80 Prozent meiner Probleme irrelevant bis beschämend.

Immerhin: Noch merke ich es. Noch ärgere ich mich, über mich und über andere. Kurz ins Kotzen kam ich, als ich neulich auf Facebook die Frage las, ob man denn jetzt noch guten Gewissens Urlaub am Mittelmeer machen dürfe, nachdem doch so viele Flüchtlinge darin ertrunken seien – unfassbar, wie gut wir darin sind, sogar aus einer solchen humanitären Katastrophe ein *first world problem* zu machen. Wenn es doch bloß gelänge, es ein kleines bisschen weniger schlimm zu finden, unverdienterweise Bewohner dieser *first world* zu sein.

Warum Geld glücklich macht 1

Ich finde, dass jeder Mensch das Recht hat, in bestimmten Bereichen seines Lebens komplett kindisch zu sein. Blöd ist nur, dass das bei den meisten Frauen ausgerechnet das Thema Geld sein muss.

Ich weiß, wovon ich rede, denn ich habe alle Dämlichkeiten begangen, die man sich in Zusammenhang mit Geld nur ausdenken kann. Keine Planung, keine Übersicht; wenn's da war, wurde es ausgegeben, wenn nicht, dann auch. Knietief im Dispo und trotzdem noch einen Jil-Sander-Mantel gekauft (ein Investment! Außerdem hatte ich ihn verdient, ich habe schließlich wie ein Vieh gearbeitet!), in Restaurants immer als Erste nach der Rechnung gegriffen (ich hasste das Gefühl, jemandem was schuldig zu sein), Altersvorsorge für hoffnungslos spießig gehalten … Irgendwann habe ich verstanden: Ich kaufe mir gar keine Sachen, ich finanziere emotionale Bedürfnisse. Ich habe mir Überlegenheit, Trost, Bewunderung, Kontrolle, das Gefühl von Großzügigkeit gekauft. Genau das macht das Thema Geld ja so unglaublich intim, dass es selbst unter guten Freunden tabu ist, darüber zu reden – es ist mit geheimsten Bedürfnissen und unbewussten Ängsten verbunden. Irgendeine Rechnung hat man immer mit dem Leben offen, irgendein Loch ist immer im Herzen, und da hinein werden die Scheine gestopft.

Erst als ich das begriffen hatte – und dazu musste ich

vierzig werden –, fing ich an, mein Geld in etwas zu stecken, das mir wirklich kostbar ist: meine Freiheit. Ich habe
schon mal an anderer Stelle über das Prinzip »Fluchtgeld«
geschrieben, ein Wort, das mir meine Mutter beigebracht
hat: eine schwarze Kasse mit einem dicken B drauf, B wie
Plan B, B wie Befreiung. Fluchtgeld heißt, zu jeder Zeit im
Leben irgendwo eine Summe weggebunkert zu haben, die
einem ein bisschen Luft verschafft, wenn's ganz schlimm
kommen sollte – drei oder vier oder fünf Monatsgehäl-
ter auf irgendeinem verzinsten Konto, von dem man nur
selbst weiß. Dieses Geld ist eine Lebensversicherung, ein
Rettungsboot. Hoffentlich braucht man's nie, aber das Wissen, dass es da ist, bedeutet enorme Unabhängigkeit. Denn
es finanziert Unbezahlbares: Leichtigkeit, Unerpressbarkeit,
die entspannte Sicherheit, dass es immer einen Ausweg gibt.

Natürlich gibt es noch andere Gefühle, für die es sich
lohnt zu sparen. Welche das sind, muss jeder für sich selbst
herausfinden. Die Geborgenheit einer eigenen Wohnung,
die Bewusstseinserweiterung durch Reisen – jeder hat
sein persönliches Allerheiligstes, das es zu entdecken gilt.
Wenn das gefunden ist, beginnt man, Geld dafür beiseite-
zuschaffen. Was nie klappt: Sparen, was übrig ist. Denn
Geld bleibt nie übrig, das ist ein kosmisches Gesetz. Am
besten wird eine feste Summe gleich am Monatsanfang per
Dauerauftrag vom Konto abgebucht, ähnlich wie die Mie-
te. Methode 2, die ich seit Jahren praktiziere: Jedes Zwei-
Euro-Stück, das ich als Wechselgeld bekomme, wandert
sofort in ein riesiges goldenes Sparschwein (ich war noch

nie sehr subtil); ist es voll, wird es mit kindischer Freude zur Bank getragen.

Geld macht nicht glücklich? Unsinn. Man muss nur herausfinden, worin das eigene Glück besteht.

Warum Geld glücklich macht 2

Zu meinen liebsten Jahresendritualen gehört das Leeren meines Sparschweins. Ganz recht: Sparschwein – ein großes goldenes Porzellanvieh, und das mit weitem Abstand hässlichste Ding in meiner Wohnung, noch vor dem Sicherungskasten. In das Schwein wandert seit Jahren konsequent jede Zwei-Euro-Münze, die ich als Wechselgeld herausbekomme. (Früher habe ich das mit Fünf-Mark-Münzen gemacht – erinnert sich noch jemand an die Dinger, auf denen die Fünf in so einem komischen fernseherähnlichen Feld stand? Was hatten wir bloß für seltsames Geld.) Auf diese Weise kommt ganz hübsch was zusammen, in der Regel knapp tausend Euro pro Jahr, ganz nebenbei und ohne mir wehzutun. Weh tut es eher mal anderen: Der Vorgänger des Goldschweins, ein mit rotem Samt bezogener lachender Buddha mit Münzschlitz im Hinterkopf (was es nicht alles gibt auf der Welt, aber das wäre jetzt eine andere Geschichte), ist gestorben, als ein Freund, nicht ahnend, dass der Buddha gefüllt das Gewicht einer Bowlingkugel hat, ihn sich auf den Fuß fallen ließ, als er mir beim Umziehen half.

Aber zurück zum Schwein. Es war zum Platzen voll, ich hatte es zwei Jahre nicht geleert; ich richtete mich auf einen langen Sonntagnachmittag ein. Zuerst mal auf die Badezimmerwaage damit: heiß, elf Kilo brutto. Dann auf den Tisch leeren. Was für ein Haufen Geld! Kleine Zehnerstapel bauen und kleine Fünferstapel, denn in das Münzrollpapier aus der Bank passen jeweils 25 Stück. Beim Aufschichten gemerkt: Mensch, guck mal, die europäische Einheit ist wirklich vollzogen, zumindest monetär. Da fanden sich neben den Bundesadlermünzen belgische, holländische, österreichische, französische, spanische, italienische, portugiesische, luxemburgische, slowakische, irische und finnische Euros. Richtig hübsch sind die zum Teil: die italienischen mit Dante Alighieri, die finnischen mit Moltebeerenblättern, die slowakischen mit einem Doppelkreuz auf drei Bergen. Meine liebsten sind aber die aus Portugal, mit dem königlichen Siegel von 1144 und Kastellen und Wappenschilden (danke, Wikipedia).

Irgendwann begann ich, jede Münze genau anzuschauen. Beatrix und Albert II., beide inzwischen abgedankt. Juan Carlos, schlecht gelaunt aussehend. Sondermünzen zu fünfzig Jahren Römischen Verträgen. Dieselbe Sondermünze aus Österreich, darauf aber »Vertrag von Rom« – die Ösis mal wieder. Eine italienische zur Winterolympiade in Turin. Eine deutsche mit Adenauer und de Gaulle. Lauter kleine Kunstwerke.

Es wurde dunkel, ich stapelte immer noch Zehnertürmchen, meine Finger färbten sich allmählich schwarz. Geld

stinkt doch, wenn man sich länger damit beschäftigt. Durch wie viele Hände ist das wohl gegangen, was wurde damit gekauft? Geld ist ja zunehmend virtuell geworden, inzwischen zahlt man jeden Kleinkram mit der EC-Karte. Ich dagegen bin altmodisch: Kreditkarten nur im Notfall, EC ungern. Nur Bares ist Wahres. Ich möchte wissen, wie viel ich ausgebe, ich möchte Scheine und Münzen weggeben, keine Pincodes. Ich mag den Austausch, ich mag was in die Hand geben und in die Hand bekommen. Und ich mag Wechselgeld.

Am Ende waren es unfassbare 2374 Euro und ein Cent, der sich hineingeschummelt hatte. So viel Geld, einfach so! Wer den Glücksrausch kennt, einen vergessenen Fuffi in einer Jackentasche zu finden, weiß, was ich meine. Und ich denke jetzt eine Woche lang genüsslich darüber nach, was ich mit diesem Geldgeschenk anstelle. Diesem Geschenk, das ich mir selbst gemacht habe, ohne Anstrengung, ganz nebenbei, in zwei Jahren und einem Sonntagnachmittag.

Mitnehmsel

Lassen Sie uns über Diebstahl reden. Über Diebstahl im Urlaub. Der hat auch schon mal mehr Spaß gemacht, oder?[1] Seit die Hotels keine Kugelschreiber mit Aufdruck mehr auf den Nachttisch legen, sondern nur noch blöde Bleistifte[2], und seit sie keine Shampoo- und Duschgelfläschchen mehr in kleine Körbchen ins Bad stellen[3], sondern nachfüllbare Behälter in die Dusche dübeln[4], habe ich schlechte Laune. Noch schlechtere Laune, als ich schon hatte, als sie Kleiderbügel ohne Haken erfunden haben. Ich habe noch niemals in meinem Leben einen Bügel geklaut, aber die Tatsache, dass man mich für einen potenziellen Kleiderbügeldieb hält und mir deshalb das Leben erschwert[5], macht mich unfroh. Ich werde nicht gern verdächtigt, und wenn, dann bitte glamouröserer Vergehen als Bügeldiebstahl.

Dabei muss man sich schon mächtig Mühe geben, wenn man was klauen will, denn technisch gesehen ist die Mitnahme von Shampoo und Frotteebadelatschen kein Diebstahl. Angebrochene Kosmetikartikel werden ohnehin entsorgt, benutzte Hausschuhe ebenfalls[6], und Schreibmaterial wie Blöcke und Kulis mit Hotel-Logo gelten als Werbegeschenk. Für einen anständigen Klau muss man schon den Bademantel und/oder den Fernseher einpacken – und wer hat schon so viel Platz im Koffer?

In ihrer Verzweiflung sind viele Mitnehmsel-Fans inzwischen auf Restaurant- und Flugzeugware umgestiegen: Espressotassen aus dem Caffè Greco, Aschenbecher aus der Bar Floridita, sogar diese widerlichen, ständig elektrisch aufgeladenen, für Normalwüchsige viel zu kleinen und sowieso viel zu dünnen Decken aus Langstreckenflügen müssen jetzt dran glauben. Im Zweifel sind Leute sogar bereit, Geld dafür hinzulegen, um den Anschein zu erwecken, was eingesteckt zu haben: Nachttischlampen aus dem Pariser Ritz sind schon ab 1500 Euro zu bekommen, und was aussieht wie eine Wolldecke, die aus einer Schweizer Alpenvereinshütte geklaut ist, stammt für teuer Geld von Manufactum[7].

Das Tragische ist, dass man den Krempel zu Hause gar nicht brauchen kann. Selbstverständlich habe ich den Notizzettelblock aus der Villa d'Este am Comer See mitgenommen, dem teuersten Hotel, das ich je selbst gezahlt habe, aber benutzt habe ich ihn nie. Für Einkaufszettel und Putzfrauenbriefe (»Wir brauchen neuen Badreiniger«) ist er zu schade, und als neulich endlich mal jemand da war, den ich mit einer lässig hingeworfenen Telefonnummer auf dem Villa-d'Este-Block hätte beeindrucken können[8], habe ich den Block auf die Schnelle nicht gefunden. Weil ich ihn ja nie benutze. Es ist bitter, aber Verbrechen zahlen sich wirklich nicht mehr aus.

---

1 Wir reden hier nicht von Handtaschenraub und Kofferklau, versteht sich – *der* macht immer noch Spaß.

2 Und dann auch noch so stummelkurze Dinger. Aber selbst wenn sie lang wären: Wer kann schon Bleistifte gebrauchen?

3 Neben die Q-Tips, die Pappfeile und das Schuhpoliertuch, von dem man nichts je gebraucht hat oder brauchen wird.

4 Und, fast noch schlimmer, Bodylotions mit widerlichem Kokosduft.

5 Denn jetzt kann ich keine verkrumpelten Klamotten mehr in die dampf-gefüllte Duschkabine hängen, sondern muss mir ein Bügeleisen von der Rezeption ausleihen – gegen Unterschrift, denn ich könnte ja ein Bügelei-sendieb sein, sicher ist sicher.

6 Hoffe ich wenigstens.

7 »Gewalkt und nassgeraut«.

8 Geschrieben mit dem Kuli aus dem Oriental Bangkok, ganz unver-krampft so gehalten, dass man den Aufdruck gut sieht.

AUSPROBIEREN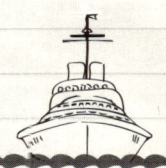

Oh, bei diesem Thema könnte ich Bände schreiben ... Ausprobieren, experimentieren, herumspielen, Dinge einfach mal machen, auch wenn man noch gar nicht weiß, warum – das ist meine Spezialität, damit vergnüge ich mich schon seit Jahren, ach was: Jahrzehnten. Als Journalistin und erst recht als Privatperson.

Wie wäre es so, mit dem Liegerad zu fahren? Oder statt Urlaub mal für zwei Wochen einen Käseladen zu übernehmen? Oder zum ersten Mal auf eine Kreuzfahrt zu gehen oder sich auf die legendäre Damenwies'n beim Münchner Oktoberfest zu wagen? Es gibt nur einen Weg, das herauszufinden: machen. Vom Konjunktiv – man müsste mal, man könnte mal – in den Indikativ: loslegen. Schon immer haben mich Versuchsanordnungen gereizt, meine letzten größeren Projekte waren alles Selbstversuche: Wie wäre es wohl, ein Jahr lang das gleiche Kleid zu tragen?

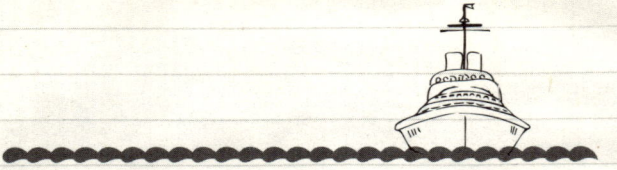

Wie wäre es wohl, ein Jahr lang jeden Monat in einer anderen Stadt zu wohnen? Das Wunderbare an diesem Lebensmodell ist die Erfahrung, dass die Wirklichkeit immer überraschender ist, als man sich das ausgemalt hat. Der Indikativ schlägt alle Konjunktive, die Erfahrung stellt alle Träume in den Schatten.

Osnabrück

Ein Unbekannter namens Martin schrieb mir eine Mail: Seiner Frau Beate habe mein Buch so gefallen, sie habe ihm abends im Bett immer was daraus vorgelesen. Er finde so viele Parallelen zwischen ihr und mir (»Ihr habt eine ähnlich genaue und bewusste Wahrnehmung, Euer Humor ähnelt sich, Ihr habt Lust auf neue Menschen, und Ihr mögt ganz grundsätzlich Veränderungen«), dass er fand, wir sollten uns mal kennenlernen. Ob er für uns irgendwo einen Tisch reservieren dürfe, er wolle mich seiner Frau quasi schenken, er selbst wolle gar nicht dabei sein.

Wenn offenkundig verliebte Männer ihren Frauen eine Überraschung bereiten wollen, bin ich natürlich dabei und habe sofort zugesagt. Ich war ohnehin auf der Durchreise während einer Lesetour, und eine warme Mahlzeit habe ich noch nie ausgeschlagen. Als ich einer Freundin beiläufig am Telefon davon erzählte, sagte sie zu meiner Überraschung: »Verrückt. Was wollen die wohl von dir? Und wieso machst du das, was springt dabei für dich raus?«

Was springt dabei für mich heraus – das ist für mich eine der schlimmsten Fragen der Welt, das ist eine Haltung, die ich hoffentlich nie verstehen werde. Wieso muss man für jedes Unternehmen eine Kosten-Nutzen-Rechnung aufstellen, wieso muss ich vorher immer schon wissen, was das Ergebnis ist? Wieso muss sich alles »lohnen« (noch so ein Wort!), wieso muss immer alles gelingen, wieso darf es keine Überraschungen mehr geben?

Vor allem aber: Woher kommt diese grundmisstrauische Frage, was »die« wohl von mir wollen? Hauptsache, wir lassen uns immer schön in Ruhe, ja? Hauptsache, keiner behelligt uns? Und dann zu Weihnachten darüber klagen, dass wir ja in so kalten Zeiten leben. »Man liest ja so viel…«, sagte die Freundin fast entschuldigend. Tja, was soll ich da sagen? Nicht so viel lesen? Ich verstehe, dass man Furcht vor Unbekanntem hat. Aber Bedenken, zwei anscheinend nette Leute zum Mittagessen zu treffen? Bitte, in was für einem Land leben wir eigentlich?

Entschuldigung, wenn ich mich gerade so ereifere, aber die Unlust, sich auf etwas einzulassen, dessen Ergebnis nicht bis auf zwei Stellen hinterm Komma berechenbar ist, finde ich zutiefst deutsch. Diese Außenrollo-Mentalität, die fast schon genetische Unfähigkeit, es einfach mal drauf ankommen zu lassen, sorgt dafür, dass eher das bekannte Unglück gewählt wird als das unbekannte Glück. In diesem Land sagt man lieber »Och nö« als »Klar, warum nicht?«.

Jedenfalls trafen wir uns in einem Restaurant in Osnabrück, Martin grinste, Beate fiel aus allen Wolken, zwei Stunden lang haben wir über alles Mögliche geredet, über Mut, Angst und Zufälle, über bedingungsloses Grundeinkommen und Trekking in Nepal. Ich habe dabei gelernt, dass ab einer gewissen Zivilisationsferne im Himalaja der Stromzugang für das Aufladen von Handys und anderen

Geräten als Menüpunkt auf der Speisekarte steht. Doll. Zum Abschied schenkte mir Martin eine winzige Ganesha-Figur, den elefantenköpfigen indischen Gott der Reisenden und der Schreibenden, den verspielten, verfressenen, menschenfreundlichen Gott des Anfangs und des Gelingens. Was er nicht wissen konnte: Ich hatte mal so einen, der mich lange auf meiner Weltreise begleitet hatte. In Delhi gekauft, in Addis Abeba verloren, an einem Spätnovembertag in Osnabrück wieder bekommen. Ist also richtig was für mich dabei herausgesprungen. Seitdem denke ich über ein Volksbegehren nach, dass jeder Bundesbürger mindestens einmal im Monat einen anderen bis dahin unbekannten Bundesbürger zum Mittagessen treffen soll. Es wäre ein völlig anderes Land.

Genauer betrachtet

Da gibt es so ein neues Ding, den Narrative Clip: eine streichholzschachtelkleine Kamera zum Anklippen an die Kleidung, die alle 30 Sekunden automatisch ein Foto macht. Was immer man tut, wo immer man ist: klick, klick, klick. (Nur lautlos, ohne das Klick.) Die Idee dahinter: all die alltäglichen Momente einfangen, von denen man erst viel später merken wird, wie wichtig sie waren. Eben nicht die klassischen Fotogelegenheiten wie Urlaube & andere Auszeiten, Hochzeiten & andere Feiern, sondern der Waldspaziergang, das Spielen mit dem Hund, das Abhängen mit Freunden. Das sogenannte Leben halt, das ansonsten randlos im ewigen Vergessen verdampft – bis man sich eines Tages fragt, was man eigentlich zwischen 2002 und 2006 gemacht hat.

Für Menschen mit einem so grottenschlechten Gedächtnis wie meinem klingt das erst mal unglaublich verführerisch. Ein fotografisches Tagebuch, ein ausgelagerter Erinnerungsspeicher! Und man könnte einfach so durch die Welt schlendern und sie genießen, ohne alle Naslang das Smartphone zu zücken – wird ja sowieso alles festgehalten. Und bestimmt auch vieles, das ich in meiner Halbanwesenheit gar nicht richtig mitbekommen habe, weil ich mit meinem Kopf gerade mal wieder woanders war. Da wird mir mein Tag bestimmt noch mal ganz neu gezeigt. Aufregend! Toll!

Andererseits – jede Minute zwei Bilder? Jede? Auch die vielen Minuten, in denen man stumpf vor dem Laptop hockt oder in der U-Bahn sitzt, oder in der Kassenschlange steht? Wird einem mit so einem Ding nicht erst recht deprimierend deutlich gemacht, wie unfassbar öde und repetitiv das Leben ist? Wie wenige Momente es eigentlich nur gibt, die verdienen, aufbewahrt zu werden? Ist es nicht sogar eine Gnade, dass all das schreilangweilige, redundante Zeug nur mal kurz in die Erinnerung hinein- und sofort wieder hinaushuscht, ohne es sich dort gemütlich zu machen?

Und nähme man all das trotzdem auf: Wann hätte man je Zeit, es anzusehen? Ich würde gern noch mal den 14. bis

16. Juli im Schnelldurchlauf vorgeführt bekommen, und damit verdaddele ich dann den Nachmittag des 2. August? Nö. Überhaupt: Wie muss man eigentlich drauf sein, um das eigene Leben für so interessant zu halten, dass man jeden Moment für dokumentationswürdig hält? Dass man eine Überwachungskamera auf sich und die Umgebung richtet, dass man sich selbst ausspioniert?

Es könnte allerdings auch passieren, dass so eine Kamera einen lehrt, besser zu leben. Ernährungspsychologen raten ja, eine Woche lang jeden kleinsten Bissen aufzuschreiben – und spätestens in der zweiten Woche beginnt man tatsächlich, besser zu essen, aus reiner Scham vor Dauereinträgen wie »19 Uhr: 1 Salade Niçoise, 3 Glas Wein, 200 Gramm kalte Pommes vom Nebenteller« und »23 Uhr: 1 Familienbecher Ben & Jerry's New York Super Fudge Chunk, im Stehen vor dem Kühlschrank«. Einen ähnlichen Rückkopplungseffekt könnte so eine unbestechliche Kamera haben: Statt immer denselben Weg zur Arbeit zu nehmen und mit immer denselben Kollegen in die Kantine zu gehen, würde man sich vielleicht bemühen, ihr hin und wieder ein paar interessante neue Bilder zu gönnen – und sich selbst gleich mit. Für Erinnerungen kann man sorgen, indem man mehr Erinnernswertes tut.

Doch selbst wenn man sein Leben genau so lässt, wie es ist: Es genügt, einfach nur mal wieder hinzugucken, was so los ist um einen herum. Schau mal, der Nachbarsgarten, wie schön! War mir gar nicht aufgefallen, wie hoch der Lavendel schon steht. Und die Wolken. Und die lächelnde

Frau da drüben. Und … Klick, klick, klick, macht die innere Kamera. (Nur lautlos.)

Kaufmannsladen spielen

Es gibt so Tage (oder Wochen oder Monate), in denen man mit seinem ziemlich guten, in Wirklichkeit sehr guten Leben hadert. Ist ja eigentlich alles ganz okay so, wirklich, aber könnte es nicht auch ganz anders sein? Müsste ich nicht mal was Neues machen? Oder was Altes wiederbeleben? Eine kleine Abzweigung nehmen von der vierspurigen Straße, in die sich jedes Leben früher oder später verwandelt, einen kleinen Waldpfad ins Unbekannte gehen? Irgendwas Unausgegorenes machen, ohne die geringste Ahnung, worauf das hinauslaufen könnte?

Ich bin ein großer Freund davon, Dinge vom Konjunktiv – könnte, sollte, müsste – in den Indikativ zu übersetzen. Und deshalb stehe ich seit einer Woche hinter der Käsetheke eines kleinen Feinkostladens auf der ostfriesischen Insel Spiekeroog. Die Besitzer, Elke und Hannes Schröder, sind an Land und haben mir tollkühnerweise ihr Baby überlassen – natürlich nicht ohne mich vorher in das Weinsortiment, die Auswahl an Biokäse und Sanddornmarmelade eingewiesen sowie mir die Feinheiten der alten Registrierkasse nahegebracht zu haben. Aber als sie mir den Schlüssel in die Hand drückten, wurde mir doch ein bisschen flau. Ich bin zwar Krämerstochter, ich habe früher bei meinem Vater im Laden ausgeholfen, aber das ist dreißig Jahre her. Wie schneidet man noch mal schnell einen Bergkäselaib an, da gab es doch diesen speziellen Schnitt – vierteln, vorne einen Quader raus, ging das so?

Palim-palim, ein Paar betritt das Geschäft und möchte ein Raclette-Gerät ausleihen. Kein Problem. Und natürlich Raclette kaufen. Ich wuchte den Laib aus dem Kühlhaus. »Wir brauchen 600 Gramm, bitte.« Die Aufschnittmaschine hat Hannes zur Reparatur mit aufs Festland genommen, es muss leider am Stück sein. 600 Gramm … Ich setze probehalber das große Käsemesser an. »Schauen Sie mal, ungefähr so?« – »Machen Sie mal.« Ich hole tief Luft, schneide beherzt und lege die Ecke auf die Waage. 615 Gramm, hurra! Luftschlangen, Konfetti! Ich kann mich nicht erinnern, wann ich zum letzten Mal so kindisch stolz auf etwas war.

Schon nach zwei Tagen kenne ich Frau Pickenpack und Frau Wiethorn und Katrin und Leila vom Laden gegenüber, die nachmittags gern was Süßes kaufen, und die drei alten Damen, die hier gerade Urlaub machen und sich einmal quer durch die Käsetheke probieren, und den Lehrer vom

Internat, der gleich vier Packungen englische Butterkekse kauft, und den netten Bühnenbildner aus dem Ruhrpott. Fantastisch, das ist wie Kaufmannsladen spielen, nur in echt.

Nach drei Tagen berate ich beim Weinkauf auf Basis meiner eigenen Trinkerkarriere und empfehle die Mandel-Tonka-Creme auf Basis meines eigenen abendlichen Testessens. Es ist kein Ferienjob, es sind Ferien vom Job, von dem zu Hause jedenfalls. Das bekommt dem mal ganz gut, ebenso gut wie mir. Der krumme Schreiberrücken strafft sich, der Bauch füllt sich, und der Kopf gleich mit: mit Soumaintrain und Delice de Bourgogne und mit Dutzenden von Geschichten, die man so hört.

Es ist ganz gut, sich von Zeit zu Zeit die Optionen vor Augen zu führen, die man hat, die Möglichkeiten eines ganz anderen Lebens. Und zwar nicht nur in Form von »Wie wäre es wohl, wenn«, sondern ganz konkret. Losfahren, anfassen, machen. Schmecken, wie es ist, nicht träumen, wie es wäre.

Kann sein, dass ich dieses Jahr noch ganz andere Praktika mache. Das Leben ist eine Käsetheke. Manchmal muss man nur um eine Kostprobe bitten.

Über das Liegeradfahren

Gestern ging ich an einem Konstanzer Spezialhändler für Liegefahrräder vorbei. Der Laden heißt »Radium« und ist eine Filiale von »Radieschen«, einem Geschäft für normale

Räder, die von den Liegeradlern »Uprights« genannt werden im Unterschied zu ihren eigenen Highracern und Tadpole-Trikes und Scooterbikes. Auf einem Hirnscan hätte man in diesem Moment meine Region für Boshaftigkeit giftgrün aufflackern sehen können. Radladen-Namen, die Friseursalon-Namen der 2000er! Liegeräder mit ihren albernen Kinderradwimpeln, die dann trotzdem von Siebentonnern übergemangelt werden (das »tot« in »toter Winkel« ist speziell für diese Dinger erfunden worden)! Permaschlechtgelaunte Liegeradfahrer, die Veganer unter den Radlern, mit ihrem endlosen Gerede von cw-Werten und davon, dass ihre Hoden beim Fahren nicht gequetscht werden!

Stopp. Zu billig. Dieses Fressen ist so gefunden, dass mir sofort der Appetit vergeht: Wer schon am Boden liegt bzw. fährt, sollte nicht noch getreten werden. Deutlich interessanter ist da schon, woher eigentlich die kollektive Aggression kommt, die einige Menschen auf sich ziehen. Denn ich bin ja weiß Gott nicht die Einzige, für die Liegeradfahrer Witzfiguren sind, die … nein, hör schon auf, Winnemuth.

Also: Wie kommt es, dass Liegeradfahrer so verachtet werden? Oder Leute wie Markus Lanz oder Veronica Ferres, oder Gwyneth Paltrow, oder Frauen mit sogenannter »Nail Art« auf den Fingernägeln, Lack in mehreren Farben mit aufgeklebten Glitzersteinchen/Federchen/Blümchen/Girlandchen/Schmetterlingchen, gern eckig gefeilt und am allerschlimmsten, wenn nur das vordere Weiße bemalt ist mit schwarzem Glimmer oder … RAAAAHHHH! Ganz ruhig. Der Blutdruck. Also, wieso findet man die so doof? Wieso die und nicht andere, die doppelt so doof sind?

Gut, die tun auch was dafür. Gwyneth Paltrow mit der absurd prätentiösen Verkündigung ihrer Scheidung, die sie per Pressemeldung als »bewusste Entpaarung« glorifizierte, Ferres mit ihrem Auftritt bei »Wetten dass…«, als sie Cameron Diaz zu ihrem »Œuvre« beglückwünschte und *beiläufig* einflocht, dass sie ja auch schon mal mit John Malkovich gedreht habe. Ach, all diese Leute mit ihrer angestrengten Großartigkeit, ihrer Selbstgerechtigkeit, ihrer Humorlosigkeit, ihrer … Nein. So kommen wir nicht weiter.

Es gibt nur eine Art des Exorzismus: selbst einer von denen werden. Ich gehe jetzt zu »Radium« und leihe mir ein Liegerad aus. Ich will wissen, wie es sich anfühlt, doof gefunden zu werden, vielleicht höre ich dann ja mit dem Dooffinden auf.

Hinter der Theke steht einer, der perfekt gecastet wirkt für einen Liegeradladen: die Rastalocken zum lockeren Dutt geschlungen. »Man muss sich erst mal entspannen. Wer nicht entspannt fährt, fährt gefährlich.« Ich fahre eine wacklige, komplett unentspannte Probestrecke mit einem Zweirad und entscheide mich weise für ein Trike: vorn zwei Räder, hinten eins, breit wie eine Harley Davidson, Kostenpunkt 4000 Euro.

Und was soll ich sagen: Es ist tatsächlich sehr gemütlich. Nach zwei Minuten hat man raus, wie man Kurven fährt, nach dreien, dass es ganz lustig sein kann, in Hundeschnauzenhöhe an der Ampel zu stehen, nach zehn Minuten bin ich von drei Leuten angesprochen worden und habe eine ältere Dame dazu bequatscht, es auch mal zu probieren, jetzt gleich. Es ist sehr kommunikativ, so einen Tieflieger zu fahren. Zudem hat man einen schönen fremden Blick auf die Welt, mal so von unten, was vielen von uns ja mal ganz guttut, mir besonders.

Jeden Tag eine halbe Stunde Vorurteilsüberprüfung, das wäre eigentlich ein guter Lebensplan. Morgen dann mal Nail Art, mit Sternchen und blauem Glitzer. Ich werde das so lange machen, bis ich nur noch die wirklich wichtigen Dinge doof finde.

Auf der Damenwies'n

Wie hatte ich mich gefreut, als mir die Einladung ins Haus flatterte: »Auf gehts' [sic] Madeln zu Regines' [sic] Damenwies'n« stand da vielfarbig gedruckt, und »Jetzt pack' mas wieder!« [sic, sic und sic]. Ich kreuzte auf der Antwortkarte »Juhu, ich freu mich narrisch & bin dabei« an und begann, nach einem Leihdirndl herumzutelefonieren. Endlich war ich eine jener »Top-Ladys aus Wirtschaft, Politik, Society und Showgeschäft«, die sich jährlich am ersten Oktoberfest-Montag auf Einladung von (bereiten Sie sich auf mächtig viele Anführungsstriche in dieser Kolumne vor) »Mietwagen-Lady« Regine Sixt im Hippodrom-Zelt versammeln.

»Der wichtigste Wiesn-Termin für wichtige Promi-Ladys« sei es (Münchner *Abendzeitung*), »ein Panoptikum« (eine Freundin), »eine Freakshow« (eine andere Freundin), aber alles für einen guten Zweck, Regine Sixts Stiftung »Tränchen trocknen« [doch, wirklich]. Ich spitzte meinen Bleistift und flog gen Süden.

An Top-Ladys waren es auf Regines' Damenwies'n heuer 1280, überwiegend aus der Abteilung »In München weltberühmt«. Diverse Teleshopping- und Pay-TV-Moderatorinnen, »Was macht eigentlich«-Schauspielerinnen, Exfußballergattinnen und Exfußballer-Exgattinnen. Bei der Beschreibung der Anwesenden mussten selbst die Klatschseiten, die ja in der Regel einen gewissen Kenntnisstand voraussetzen können, des Öfteren zu Beschreibungen wie Frau von, Freundin von und Tochter von greifen, im Fall von Eva O'Neill sogar ein Dreifach von: Mutter vom Mann von Madeleine von Schweden.

Aber man muss es sagen: Die Frauensolidarität war nicht zu übersehen – überall die gleichen blondgesträhnten Tagesschaufrisuren und die gleichen Nasen (© Dr. Werner Mang/Bodensee). Dazu jede Menge Tüllärmelchen und schief aufgesetzte Jägerhütchen mit Zeugs dran, Verona Pooth in einem Schottenkaro-Dirndl, Claudia Effenberg in einer daunendeckendicken Federschürze, Charlotte Knobloch in einem weißen Trachtenjanker zur Hose, alle an Biertischen, auf denen daumengroße Papp-Regines auf Mini-Maibäumen mit Glitzerbrezeln turnten, während Wolfgang Fierek seinen unsterblichen Hit »Resi, i hol di mit mei'm Traktor ab« sang – es war a Woahnsinn. Schon lange vor dem Dessert standen die Ersten für das »Damenpräsent« an, eine sieben Pfund schwere Einkaufstüte mit Anti-Aging-Cremes, Shopping-Gutscheinen, Kulturtäschchen, diversem Schmuck-Gebamsel, einer Sensorleuchte, die Licht in die unendlichen Tiefen von Handtaschen bringen soll, und 50 Prozent Discount auf wahlweise ein Oberarm-Lifting oder eine Ultraschall-Fettreduktionsbehandlung – halt alles, was das Top-Lady-Herz begehrt.

Ja, so war das. Aber so war es eben auch: An meinem Tisch eine Wirtin aus dem Bergischen Land mit flammend orangefarbenen Haaren, die von ihrem europäischen Frauennetzwerk schwärmte: »Da ist alles dabei, vom Punkmädel aus Irland, das Schnecken züchtet, bis zur französischen Madame im Kostümchen«. Eine Hörbuchverlegerin, die von den Problemen bei der Vertonung von Ernst Jüngers »In Stahlgewittern« erzählte. Eine Geschäftsführerin eines Messe- und Ladenbaubetriebs, die mit zwölf von den Philippinen kam, nur mit der Mutter, der Vater war gestorben, als er versuchte, ihre Schwester vor dem Ertrinken zu retten: »Wir haben

7700 Inseln, aber kaum einer von uns kann schwimmen.« Es war, mit anderen Worten, wie es unter Frauen immer ist, auch solchen, die sich eben erst kennengelernt haben: Man erzählt vom Scheitern, von Wunden, sofort und ungeschützt. »Was reden die da nur, die Weiber?«, fragen sich die Männer, denen immer etwas mulmig wird, wenn so viele Frauen so sichtbar unter sich sind. Na, das halt. Die Nasen sind falsch, aber was erzählt wird, ist echt.

Über das Kreuzfahren

Ein befreundeter Arzt hat sich mal den SÜK als Formel für ein gelungenes Leben ausgedacht: den Selbstüberraschungscoeffizienten – die Anzahl der Situationen pro Jahr, in denen man »Ich hätte nie gedacht, dass ich mal...« denkt, geteilt durch Monate mal Lebensjahre oder so, ich habe die genaue Formel vergessen. Es ging jedenfalls um die Frage, ob man ein sauber gezimmertes Selbstbild immer wieder ins Wanken bringen kann, was nach Überzeugung meines Freundes mindestens so lebensverlängernd wirkt wie das tägliche Glas Rotwein. Das doch hoffentlich jeder trinkt. (Sagt er, nicht ich. Ach was: ich auch.)

Also: Ich hätte nie gedacht, dass ich mal eine Kreuzfahrt machen würde. Auf einem Containerfrachter bin ich schon mal für zwölf Tage mitgefahren, das war erwartungsgemäß großartig, besonders bei Sturm in der Biskaya. Aber so ein Vergnügungsdampfer mit einem Alleinunterhalter namens

Eddy B. und sechs Mahlzeiten am Tag, inklusive Vormittagsbouillon? Ich doch nicht. Also wirklich nicht.

Jetzt aber doch. Eigentlich nur, weil mich die Strecke reizte: Montreal, Quebec, Halifax, Boston, Newport, New York, Charleston, Savannah, Nassau. Wale gucken, absurd billige Hummerbrötchen essen, bisschen »Großer Gatsby« und »Vom Winde verweht« spielen, endlich das 9/11-Mahnmal sehen (und heulen), die Amateur Night im Apollo Theater gucken (und jubeln) und mit meiner besten Freundin über all das kichern, worüber man auf Kreuzfahrtschiffen halt kichern kann.

Tja, und dann wurde es blöderweise richtig gut. Wir standen morgens um sechs an der Reling und fuhren an der Freiheitsstatue vorbei. Seit ich weiß, dass es Schiffe

gibt, und seit ich weiß, dass es die Freiheitsstatue gibt, wollte ich genau das tun. Und es war genau so großartig, wie ich immer gedacht habe. Noch besser aber waren die unerwarteten Momente. Was da so an Lebensgeschichten mit uns herumschipperte, sowohl bei Passagieren als auch bei der Mannschaft, lässt jede Traumschiff-Folge blass erscheinen. Wenn man erst mal die Standardthemen Geld/Krankheiten/Auf-welchen-anderen-Schiffen-wir-schon-waren abgehakt hatte, kamen die dollsten Romanstoffe ans Licht, ich hätte einfach nur mitstenografieren müssen.

Am allerbesten aber war, dass einem so ein Schiff die Genehmigung erteilt, völlig lull und lall zu werden. Man liegt in Decken gepackt, starrt den Horizont an (nein, starren ist schon zu aktiv – man hält unter Mühen die Augen offen und lässt das Meer in sich hineinträufeln) und regrediert lustvoll zum Wickelkind, geschaukelt und gefüttert. Und wen das noch nicht runterpegelt, für den gibt es um 18 Uhr Wodka-Bingo mit Wiebke.

Ich habe ja schon öfter dafür plädiert, sich gelegentlich aus der Zurechnungsfähigkeit zu entlassen, aus dem ständigen Funktionierenmüssen, aus den stets gespitzten Öhrchen einer Dauerpräsenz, die uns in den letzten Jahren unter dem sanft diktatorischen Begriff der Achtsamkeit abverlangt wird. Ein Hoch auf die Unachtsamkeit, die Halbanwesenheit, die Ablenkung und das Abschweifen, das Unkonkrete und das Wabernde. Ich bin inzwischen ganz gut darin, mich in Zustände zu versetzen, in denen ich durchlässig werde für dumme Ideen und Gedankenblitze. Ich schätze mal, dass ich 80 Prozent meiner Arbeit unter der Dusche oder beim Betrachten meines schlafenden Hundes erledige, meine wichtigsten Lebensentscheidungen habe ich beim Spazierengehen am Meer getroffen. Der Schreibtisch ist kein Ort, an dem je etwas von Bedeutung passiert wäre. Aber oh, zu was ich in der Lage wäre, wenn ich an Bord eines Schiffes duschend auf meinen Hund gucken dürfte!

Hier geht's lang: über das Verirren

Mein Vater pflegte jahrelang die ebenso elegante wie erfolgreiche Technik, das Zeitmagazin-Kreuzworträtsel dadurch zu lösen, dass er siebenbuchstabige Wörter in fünf Kästchen unterbrachte. Ich habe einiges von ihm gelernt, aber dies ist vielleicht das Wertvollste: Gutes Gelingen steht und fällt mit Flexibilität und der Reinterpretation von Regeln.

Das gilt natürlich auch fürs Reisen und vor allem für das unerfreulichste Problem dabei: Man ist woanders und kennt sich nicht aus. Dieses Ärgernis wird verschärft durch die Tatsache, dass im Ausland alle Gesetze der Logik aufgehoben sind – nur in fremden Städten gilt, dass man viermal links um die Ecke fahren kann und trotzdem nicht wieder am Ausgangspunkt ankommt. Die Wahrscheinlichkeit, dass man sich an einem Ort wiederfindet, an den man nie gewollt hat, ist also überproportional groß[1], doch nur Reiseanfänger sprechen in diesem Fall von »verirren«. Fortgeschrittene bevorzugen »entdecken«.

Als echte Tochter meines Was-nicht-passt-wird-passendgemacht-Vaters habe ich mich noch nie verirrt, ich habe vielmehr jede Menge faszinierende neue Orte entdeckt – natürlich nie aufgrund eines Irrtums, sondern immer dank eines, ähm, jeweils leicht revidierten Plans. Sicher, heute Morgen hätten wir noch in die Kathedrale von Chartres gewollt, jetzt sind wir aber durch kreatives Abbiegen[2] in einem Gewerbegebiet gelandet, das wir sonst niemals zu Gesicht bekommen hätten. Das wahre Leben! Unverfälschtes Lokalkolorit! Polnische Dreitonner! Und mal ehrlich: die Kathedrale? Davon gibt es Postkarten, darüber gibt es Bücher, dafür gibt es bestimmt auch eine App – die muss man nicht auch noch besichtigen. Was sind wir, gottverdammte Touristen? Schafe, die den ausgetrampelten Wegen folgen? Nein, wir sind *Entdecker,* jawoll! Wo wir sind, ist richtig.

Neuerdings ist das mit dem Verirr… dem Entdecken ein bisschen schwieriger geworden, und das ist schade. GPS, Google Maps im iPhone, Navi – das sind die neuen Spielverderber. Der kleine Magengrubenkick des »Wo bin ich und wie komme ich hier bloß wieder weg« fällt flach, wenn man mit einem gelangweilten Blick auf das Handy jederzeit jede beliebige Kathedrale finden könnte und gleich auch noch die Ankunftszeit dortselbst berechnet wird. Zwar riefen Kathrin Passig und Aleks Scholz in ihrem ansonsten fabelhaften Werk ›Verirren‹ das goldene Zeitalter des Verlaufens und Verfahrens aus, die dank der neuen Technologien jetzt wieder zum Freizeitvergnügen werden können, doch in Wirklichkeit macht Verirren mit Navi ungefähr so viel Spaß wie ein Fallschirmsprung vom Ein-Meter-Brett.

Nein, das Einzige, was dem wahrhaft Entdeckungshungrigen noch bleibt, ist der Rat, im Urlaub das Handy auszuschalten[3] und sich wieder ganz am Sonnenstand und den Wegbeschreibungen der Einheimischen zu orientieren. Auf die ist Verlass, die haben nämlich meist auch keine Ahnung und schicken einen geradewegs ins Nirvana des göttlichen Nirgendwo. »Die zweite links, Monsieur« bedeutet in neun von zehn Fällen, dass es die dritte rechts gewesen wäre[4] – natürlich nur, wenn wir wirklich ernsthaft dorthin gewollt hätten, wo alle anderen schon waren.

---

1 Circa so groß wie die Wahrscheinlichkeit, etwas zu essen bestellt zu haben, was man nicht ausstehen kann, in der Regel Kutteln, Seegurke oder Porree. Oder Auberginen. Oder irgendwas in Aspik.
2 Unweigerlich begleitet von einem der passiv-aggressivsten Sätze der deutschen Sprache: »Hätten wir hier nicht rausgemusst?« Übrigens der einzige Satz, der strafmildernd bei Totschlag wirkt.
3 Noch besser: klauen zu lassen.
4 Geben Sie's zu: Sie haben genauso wenig Ahnung über Ihre eigene Stadt. Oder wüssten Sie alle Straßennamen Ihres Viertels? Würden Sie nicht auch eher Anweisungen geben à la »Biegen Sie da hinten ab, wo ich immer meine Zeitung kaufe«?

Spektakulär!

Es war toll im Urlaub. Ach was, es war spektakulär. Was für ein Glück sie wieder hatte: Die Last-Minute-Schnäppchenreise für 99 Euro ging nach Paris, wo sie zufällig sowieso hinwollte, inbegriffen waren drei Nächte im George V. »Und jeden Abend stand eine Flasche Bollinger gekühlt neben dem Bett«, aus ihrem Geburtsjahrgang, eine wirklich schöne Geste, nicht? »Keine Ahnung, wieso. Ich glaube, der Empfangschef mochte mich einfach.« Der Eiffelturm war zwar eigentlich geschlossen wegen Renovierungsarbeiten, aber der nette Bauleiter hat sie im Fahrstuhl ganz allein nach oben gebracht, gerade als die Sonne über der Stadt unterging. »Dieses Licht! So was habt ihr noch nicht gesehen! Magisch!« Anschließend nahm er sie mit zu seiner 98jährigen Großmutter, die eine Jugendliebe von Picasso war und ihr nie gesehene Werke zeigte. »Ich konnte sie nur mühsam davon abhalten, mir eins zu schenken. So eine beeindruckende alte Dame.«

Und so eine beeindruckende neue Geschichte, Respekt. Meine Freundin S. ist eine der begnadetsten Urlaubsflunkerinnen der Welt, von der kann man viel lernen.[1] Urlaub, das ist ihre feste Überzeugung, hat nichts mit Wahrheit zu tun, sondern mit neiderregenden Sensationen, die einem gefälligst zu passieren haben. Wenn nicht, erfindet man sie halt. »Ich finde, das schuldet man den Daheimgebliebenen.«

Hier also ein kleiner Grundkurs: Für eine gelungene Urlaubslüge braucht es Chuzpe, Liebe zum Detail und eine gewisse Grundkenntnis über das angeblich oder tatsächlich bereiste Land. Anfänger beginnen mit kleinen Übungen zu den Themen Wetter[2] und Freundlichkeit der Eingeborenen[3], Fortgeschrittene dürfen sich dann schon an komplexere Erzählungen wagen: »Im Krüger-Nationalpark hat vor unseren Augen eine Giraffe ein Junges bekommen. Der Ranger sagte, so was hat er in zwanzig Jahren noch nie gesehen. Und es war auch noch eine *Netz*giraffe«[4].

Es gibt eigentlich nur ein paar einfache Regeln zu beachten. Je ferner das Ziel, desto unwahrscheinlicher darf das Erlebte sein: »Ich wusste ja selbst nicht, dass am Fuß des Gangkar Puensum Blonde als Gottheiten verehrt werden. Die wollten mich überhaupt nicht mehr gehen lassen.« Und selbstverständlich sind nur positive Storys erlaubt. Horrorgeschichten passieren sowieso, die muss sich keiner ausdenken, und die will auch keiner hören. Einzig erlaubt ist, aus dramatischen Gründen ein winziges Unglück in die Erzählung einzubauen, das sich augenblicklich in unfassbares Glück verwandelt. »Mein Koffer war bei der Ankunft in New York verschwunden, aber meine Sitznachbarin war so nett, mir ein paar ihrer Sachen ins Hotel schicken zu lassen. Kennt ihr die vielleicht sogar? Miuccia Prada? Echt eine Nette!«

Und das Allerwichtigste, so S., bevor einer fragt, den entscheidenden Satz einflechten: »Super Bilder hatte ich gemacht. Aber komisch, zu Hause waren die von der Speicherkarte verschwunden.« Nächstes Mal hat sie bestimmt mehr Glück.

1 Möglicherweise war sie sogar tatsächlich in Paris, wenn auch garantiert in einer Bruchbude an einer sechsspurigen Straße in Batignolles-Monceau. Und der Eiffelturm *war* geschlossen, Punkt.

2 »Wir hatten Suuuuuuuperwetter, jeden Tag Sonne.« Vorsicht bei Unwetterlagen mit Schlammlawinen und Massenevakuierungen, die es zur Topmeldung der Tagesschau bringen. Nur Könner kommen hier mit einem kaltblütigen »Komisch, aber nicht bei uns – davon haben wir überhaupt nichts mitgekriegt« davon.

3 Gut gelaunte Taxifahrer, die den direkten Weg nehmen, Wirte, die noch einen Tisch im überfüllten Lokal aufstellen und den Ouzo von 1786 aus dem Keller holen, Hochzeitsgesellschaften, die einen spontan zur Feier einladen … Der Fantasie sind keine Grenzen gesetzt.

4 Details, Details, Details! Je liebevoller die Lüge ausgeschmückt wird, desto befriedigender für alle Beteiligten.

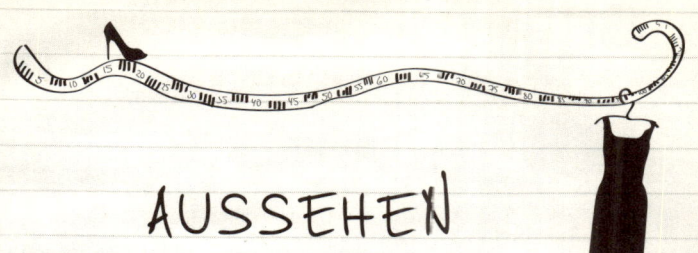

AUSSEHEN

Ich habe lange für Frauenzeitschriften gearbeitet, die unter Journalisten ein bisschen als Druckerzeugnis zweiter Klasse gelten. Frauenthemen ... bäh. Mode und Schönheit und Haushalt und Einrichten und Garten, so was haben die großen Jungs aus den großen Wochenblättern immer belächelt bis verachtet – ebenso wie Frauen lange genug belächelt bis verachtet wurden.

Mal abgesehen davon, dass man diese Hefte auch als Druck-Erzeugnis erster Güte betrachten kann (wenn man sie nämlich als Kauf- und Aussehanweisungen liest, die reiche Ernte auf dem fruchtbaren Boden weiblicher Minderwertigkeitskomplexe einfahren), habe ich die Erfahrung gemacht, dass es in Frauenzeitschriften oft mehr ans Eingemachte und unter die Haut geht als in vielen anderen Blättern. Da ist neben viel Chichi auch viel Ehrlichkeit und Humor im Spiel, viel Selbstironie und viel Gelassenheit im Umgang mit eigenen Fehlern, ob tatsächlichen oder eingebildeten.

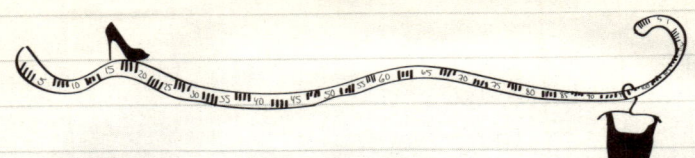

Hier geht es deshalb gleich um
Frauenkörper und um Männerkörper, um
hässliche Nagellacke und hässliche Hüte
und um den Versuch, mithilfe moderner Technik
(sei es die Brutal-Elastik der Miederindustrie
oder das Stromstoßtraining der Fitness-Industrie)
das Beste aus dem Körper zu machen, der einem
nun mal beschert wurde. Natürlich könnte man das
Einverstandensein mit sich selbst auch ohne jeden
Umweg hinkriegen, aber...

Über die Schönheit als solche

Ich möchte das jetzt nicht diskutieren, aber ich finde, ich sehe okay aus. Nicht so, dass Männer meinetwegen den Bauch einziehen, aber auch nicht so, dass sie sich die Hand vor den Mund pressen und eilig den Raum verlassen. Na schön, die Knollennase, die fisseligen Haare, die Jahresringe um den Hals, die Kurzsichtigkeit, die runzligen Ellbogen, aber sonst? Ganz okay. Passabel. Gibt hässlichere. (Ich sagte doch, ich will das nicht diskutieren.)

Für diese Erkenntnis habe ich ein paar Jahrzehnte gebraucht. Jahrzehnte, die ich damit zugebracht habe, andere Frauen immer schöner zu finden als mich, mich zu vergleichen und zu verlieren. Ich rede hier nicht von den Wettkämpfen, die jede Frau jeden Tag verliert: mit diesen verfluchten Supermodels, die sich als Teenager immer hässlich fanden (»Meine Beine! So entsetzlich lang!«), bis sie sich eines Tages auf St. Barths unter einer Palme wiederfanden und 10 000 Dollar in den Bikini gestopft bekamen, damit jemand eine Kamera auf sie richten durfte. Und die trotzdem erst mit drei Maurerkellen Make-up und zehn Gigabytes Computer-Retusche auf die Magazincover gelassen werden, um uns endgültig in den Wahnsinn zu treiben.

Nein, selbst in Gegenwart von hundsnormalen Frauen-wie-du-und-ich hatte ich diesen Tunnelblick: Unter fünfzig nackten Frauen in der Umkleide des Fitnesscenters habe ich immer nur das eine genetisch gesegnete Prachtexemplar wahrgenommen, blind für die anderen 49, die genau die gleichen Knubbelknie, spargeligen Oberarme und Mäusebrüste hatten wie ich. Andererseits: Hätte ich genauer hingesehen, hätte ich zweifellos bei jeder dieser 49 etwas absolut Neiderregendes entdeckt, bei der einen perfekte Augenbrauen (anders als meine schütteren Albino-Härchen), bei der anderen schöne lange Nagelbetten, so dass die Nägel, auch wenn sie kurz geschnitten sind, immer noch elegant aussehen (anders als meine Prinz-Charles-Nägel), bei der Dritten … ich weiß, ich weiß: reif für die Klapsmühle. Ganz allein bin ich in diesem Irrsinn allerdings nicht. Psychologen haben nachgewiesen, dass wir uns ständig und meist völlig unbewusst vergleichen und dass unsere Laune messbar davon abhängt, wie hübsch oder hässlich die Anwesenden sind. Bei Versuchsreihen wurden Frauen nur eine Nanosekunde lang das Gesicht einer schönen Frau gezeigt, und sofort haben sie sich gefühlt wie Grottenolme an einem *bad hair day*.

Das Einzige, was bei der Genesung hilft, ist: abwarten und alt werden. Irgendwann merkt man nämlich, dass niemand auf der Welt einen so kritisch und böse betrachtet wie man sich selbst. Man selbst fixiert sich auf den Pickel oder die Falten um die Augen; die anderen, die keine Zeit für Details haben, sehen das Gesamtpaket, die Ausstrahlung, das Lächeln. Merke: Niemand ist so interessiert an deinem Spliss wie du selbst. Seit ich das begriffen habe, gehe ich ohne Mascara joggen.

Inzwischen betrachte ich schöne Frauen als faszinierende Spielarten der Natur, zu meiner Unterhaltung auf den Planeten geschickt, damit die Aussicht ein bisschen hübscher ist. Ich erfreue mich an ihrem Anblick wie an einem besonders gerade gewachsenen Baum oder einem besonders gut gebürsteten Irischen Setter – mit denen würde ich mich ja auch nicht vergleichen. Ihre Schönheit ist kein Angriff auf mich, keine Aufforderung, mich schlecht zu fühlen, kein Kommentar meines Aussehens. Auch wenn Biologen behaupten, dass ich zu 99,9 Prozent dieselbe DNA wie Angelina Jolie habe – ich habe beschlossen: Wir gehören einfach nicht zur selben Spezies.

Wobei: Haben Sie mal die Ellbogen von Angelina Jolie gesehen? Eigentlich sehen wir doch ganz ähnlich aus: ganz okay eben. Gibt hässlichere.

Spanx

Zu den Risiken und Nebenwirkungen des Kolumnistendaseins gehört komplette Lebensferne, wie mir von einigen Lesern völlig zu Recht attestiert wird. Die Vormittage verbringe ich Zeitung lesend in einer Wieso-die-ist-doch-noch-gut-Schlunzhose auf der Parkbank; ich habe seit Langem weder Büros noch sonstige Orte von innen gesehen, die der Sozialkontrolle dienen. Mit anderen Worten: Ich befinde mich im Zustand köstlichster Verwahrlosung – inklusive Teddybeinen (wozu rasieren, wenn eh nur Schlunzhose?) und fünf Kilo Übergewicht (berufsbedingt; ich habe auf der Parkbank mal gelesen, dass rhythmisches Kauen der Konzentration und Kreativität dient, und nichts kaut sich rhythmischer als Haribo Phantasia, gut gekühlt und nach Elimination der widerlichen Schaumbauchkrokodile).

Herrliches Leben, möchte man meinen. Ist es auch – solange man nicht plötzlich aus seiner Kolumnistenmupfel ans mitleidlose Licht der Öffentlichkeit gezerrt wird. Zum Beispiel durch eine Einladung zu einer richtig schicken Party: bierfilzdicke Einladungskarte, nervenzerfetzend vager Dresscode (»black tie prefered«), vermutlicher Promianteil: 30 Prozent, vermutlicher Anteil *black-tie*-gekleideter Personen ohne Fruchtgummiabhängigkeit: 90 Prozent. Absagen keine Option wg. vermutlicher Anwesenheit diverser Kostenstellenträger. Katastrophenfaktor: 100 Prozent. Natürlich sagte ich zu.

In der Nacht vor der Party bearbeitete ich meine spargelweißen Beine mit einem angeblich idiotinnensicheren Selbstbräuner-Handschuh. Am nächsten Morgen, eine Stunde vor dem Pediküretermin, schrubbte ich fluchend meine fleckig verfärbten Füße mit der rauen Seite eines Badreinigerschwamms (»Glitzi Antikalk«). Die Pedikürefachkraft betrachtete stumm meine rot gescheuerten und immer noch braun gefleckten Füße: »Wollen Sie wirklich offene Schuhe tragen?« Von Wollen kann keine Rede sein, aber es waren 30 Grad vorhergesagt. Der Fußnagellack hieß »Really Red« und harmonierte mit den hektischen Flecken an meinem Hals.

Weiter, in die dampfende samstägliche Innenstadt. Gegen fünf Phantasia-Kilo hilft nur eins: Spanx, fleischfarbene Presswurst-Unterwäsche, die mit der Gnadenlosigkeit einer Schraubzwinge die ganze schwabblige Wahrheit wegdrückt. Es war mein erstes Mal im Zauberreich des Spanx, also kaufte ich wahllos ein Unterkleid, ein Tanktop und eine Art Thrombosestrumpf vom Oberschenkel bis über die Rippen namens Slim Cognito (»mit Formungsfaktor Super-Duper«).

Zu Hause festgestellt: nichts davon taugt, alles *Black-tie*-Taugliche in meinem Schrank war so geschnitten, dass der Spanx-Schummel auffliegen würde. Schreianfall. Zeltartiges Flatterkleid ohne Spanx angezogen und die einzigen dazu passenden Schuhe (die »Really Red« verbargen, nicht aber die braunen Selbstbräunerflecken). Auf dem roten Teppich zwischen Franziska Knuppe und Verona Pooth gestanden, die fantastisch aussahen. Spanx, keine Frage. Beschlossen, mich sinnlos zu betrinken, sobald die Kostenstellenleiter die Party verlassen haben würden. Beim Dinner neben zwei tollen, intelligenten Frauen gesessen, die irgendwann gestanden, nur zusammen aufs Klo gehen zu können, weil sie sich gegenseitig aus ihren komplizierten Outfits helfen müssten.

Wir sind nicht bescheuert, wirklich nicht. Jedenfalls nicht im wahren Leben. Aber kurz vor schicken Partys spanxen wir Frauen uns den Verstand weg und quetschen uns den Spaß ab. Je doller die Party, desto größer der Stress, desto kleiner das Vergnügen. Irgendwann nach

Mitternacht, nach einer halben Flasche Champagner oder einer ganzen, zog ich die Heels aus und tanzte auf braun gefleckten Füßen. Beim nächsten Mal überspringe ich den ganzen Quatsch und beginne sofort damit, mich zu amüsieren.

Frauenkörper

Neulich wurde von belgischen Chirurgen ein brandneues Körperteil namens Anterolaterales Ligament entdeckt, ein Band, das an der Außenseite des Knies für Stabilität sorgt. Das klingt doch auf Anhieb ziemlich nützlich für Fußballer, Teilnehmer bei »Let's Dance« und andere tragende Säulen unserer Gesellschaft. Um so verblüffender ist es, dass dieses schlecht versteckte, weil immerhin außenliegende Bändchen in vier bis fünf Jahrtausenden Medizingeschichte völlig unbekannt geblieben ist, obwohl doch gefühlt jedes fünfte Männerknie schon mal nach einem obligatorischen Freizeitkicker-Kreuzbandriss aufgeschlitzt worden ist. Aber das Offensichtliche wird anscheinend immer als Letztes gesehen, wie die Entdeckung einer sechsten Hornhautschicht beweist, die ein britischer Augenheilkundler erst im Mai dieses Jahres vermeldete.

Frauen winken bei solchen Meldungen müde ab, denn ihnen wird mindestens einmal jährlich ein neuer Körperteil präsentiert. In der Regel wird jeder dieser spektakulären Anatomiefunde augenblicklich zum Notstandsgebiet deklariert, das nur mit gusseiserner Disziplin und Zuhilfenahme kostspieliger Kosmetikprodukte oder Schönheits-OPs in den Griff zu bekommen ist. In den letzten Jahren waren das unter anderem die *bingo wings*, also die labbrigen Unterseiten der Oberarme, der *side boob*, also der seitliche Brustansatz, das Zehendekolleté, also die Frage, ob genügend fettfreier Zehenansatz in tief ausgeschnittenen High Heels zu sehen ist, und das erstrebenswerte Brötchen, also jene präpubertäre Vaginalform, die die Genitalchirurgie zum neuen Wachstumsmarkt der Schönheitsindustrie hat werden lassen. Ans Licht gekommen ist der letztgenannte Optimierungsbedarf natürlich nur, weil es seit einigen Jahren selbstverständliche Pflicht ist, sich jedes einzelne Haar am Leib auszureißen, was plötzlich den ungehinderten Durchblick auf die vormals im Gestrüpp gut getarnten Schamlippen ermöglichte. Und was damit einen weiteren *bullet point* auf der endlosen Liste eingebildeter Makel lieferte, für die Frauen sich gefälligst selbst zu hassen haben.

Als wäre das nicht alles schon zum Kotzen genug, ist gerade eine Diskussion um das neueste Kapitel in der Parzellierung des weiblichen Körpers entbrannt: den *thigh gap*, eine Lücke zwischen den Oberschenkeln bei geschlossenen Beinen, die man jetzt bitte schön haben muss. Welche Lücke, fragt sich da die Ottonormalschenkelbesitzerin, gibt es die nicht nur bei Barbies, denen die Beine seitlich angeschraubt sind? Eine ähnliche Form von Irrsinn hat vor Jahren schon mal ganz wunderbar bei der Cellulite funktioniert, jener stinknormalen Bindegewebsschwäche, die 80

bis 90 Prozent aller Frauen betrifft, also quasi zur Werks-
einstellung einer gesunden Frau gehört: Die Normalität
wird zur verdammenswerten Abweichung erklärt und muss
hysterisch bekämpft werden.

Selbst wenn man derlei Quatsch verlacht und seufzend
zur Tagesordnung übergeht – etwas bleibt hängen. Nicht
das Gefühl, dass die vielleicht doch recht haben könnten
mit ihren Brötchen und Schenkellücken, sondern die er-
müdende Gewissheit, dass man sich gegen immer neue
Zumutungen wird wappnen müssen, den Deich grimmig
immer höher bauen muss gegen die nächste Verunsiche-
rungswelle. Und es bleibt das tiefe Mitgefühl für die jungen
Mädchen und Frauen, denen eben noch nicht der wichtigste Körperteil von allen gewachsen ist: eine dicke Hornhaut
gegen Beautytrends, die man leider erst nach Jahrzehnten
dieses Wahnsinns entwickelt.

Männerkörper

Wahre Geschichte: Eine Freundin sitzt gemütlich beim
Sonntagsfrühstück vor einem Berliner Café, ein Mann
mittleren Alters fragt höflich, ob er sich zu ihr setzen könne. Es sind zwar mehrere Tische frei, aber keiner im Schatten, und das bei 34 Grad. Sie nickt, er setzt sich. Und zieht
augenblicklich unter dem Tisch die Turnschuhe aus, um
seine sockenlosen Füße zu lüften. Infernalischer Gestank
steigt sanft zum Brötchenkorb empor. Herr Ober, zahlen!

Männer und Sommer, das war schon immer eine gefähr-
liche Kombination. Im Frühling, Herbst und Winter sind
sie in der Regel nerven- und nasenschonend bis oben hin
dank ihrer Krawatten zugezurrt. Doch im Sommer, wenn
selbst bei der Deutschen Bank die Knoten gelockert werden, platzt plötzlich der nackte Affe aus der Verpackung,
und man kann nur noch in Deckung gehen. Nicht das Deo
versagt, sondern der Wille, es überhaupt zu benutzen, gern
ausgeglichen mit einer doppelten Portion »Cool Water« –
sie müssen da irgendwas falsch verstanden haben. Ein einziger Mann kann so einen ganzen U-Bahn-Wagen konta-
minieren. Verzweifelt versucht man die Luft anzuhalten,
um bei der nächsten Station, auch wenn's noch nicht die
richtige ist, nach draußen zu stürzen und röchelnd zusammenzubrechen.

Aber auch andere Sinnesorgane kommen im Sommer
auf ihre Kosten. Am augenfälligsten jenseits des prob-
lematischen Körperklima-Managements ist die bemerkenswerte Nonchalance, mit der viele Männer über ihre
anatomischen Unzulänglichkeiten hinweggehen: Besen-
stielbeine und rachitische Oberkörper werden in Tour-
de-France-Pellen gesteckt, feiste Schenkel – dicht beflockt
wie ein Persianermantel – in hochgeschlitzte Shorts. Des
Weiteren bringt die Sonne an den Tag: Hitzepickelkolo-
nien auf dem Rücken, Bongo-Bäuche und rhythmisch
im Wind schwingende Bierbrüste, behaarte Klempner-
spalten in zu tief sitzenden Hosen, Füße mit Howard-
Hughes-artigen Zehennägeln und Hornhaut von der Stärke

eines 30-Tonner-Reifens ... Entschuldigung, ich sehe, Sie essen gerade.

Man muss den Männern zugutehalten, dass es nicht leicht ist für sie. Was, bitte, sollen sie denn anziehen, wenn der Schweiß heiß ist? Ärmellose Shirts gehen nur in der Kleingartenkolonie, Cargopants nur in City-Beachclubs, T-Shirts mit lustigen Aufdrucken nirgendwo. Für Temperaturen über 25 Grad fallen den meisten Herrenausstattern entweder bollerige Leinenhosen ein, die nach einmal Sitzen aussehen, als hätte man eine Nacht darin geschlafen, oder Miami-Vice-farbene Seersuckeranzüge, die bestenfalls für einen Südstaaten-Cocktailempfang taugen. Helle, gar weiße Anzüge? Sollte niemand außer Tom Wolfe tragen, die meisten würden darin ohnehin keine fünf Minuten schmutzfrei überleben. Allein das Sockenproblem scheint schier unlösbar: ohne geht es nicht, siehe oben. Weiße oder leberfarbene Socken in Sandalen? O bitte! Und selbst die eleganteste Lösung, Füßlinge in Lederslippern, hat was unangenehm Metrosexuelles an sich. Man muss es ehrlich sagen: Der Mann hat im Sommer keine realistische Chance, seine Würde zu bewahren, ab 30 Grad hat er von vornherein verloren.

Grund dafür ist natürlich genau das, was Sie die letzten vier Absätze lang gelesen haben: die weibliche Lust an der Vivisektion des Männerkörpers, eine in der Zivilisation vergleichsweise neue Freizeitbeschäftigung. Jahrhundertelang waren nur Frauen Gegenstand der Betrachtung und Bewertung, seit einigen Jahrzehnten aber wird mitleidlos zurückgeguckt.

Da bedarf es wahrscheinlich staatlicher Unterstützung, um das ewige weibliche Genöle am Sommermann zum Schweigen zu bringen. Japan zum Beispiel geht tapfer voran mit einem Gesetz, nach dem eine der größten Sommersünden überhaupt – das Kurzarmhemd mit Krawatte – in Betrieben sogar vorgeschrieben ist. Der Umwelt zuliebe, Klimaanlagen müssen auf diese Weise nicht auf Hochtouren laufen. So könnte es auch hier gehen: Adiletten, Schiesser-Feinripp, Trigema-Shirts werden ab sofort gesetzlich heiliggesprochen – jeder deutsche Mann wäre ein wandelndes Wirtschaftsförderungsprogramm.

Aufbrezeln

Es kommt der grauenvolle Tag im Leben jeder Frau, an dem sie eine handgeschriebene Einladung von Flavio Briatore bekommt. Doch, das passiert. Doch, mir. Ich hatte ihn interviewt, und er hatte sich die entstandene Geschichte wohl nicht übersetzen lassen, denn sonst hätte er mir eine tote Katze geschickt. Und jetzt ist alles, was ich denken kann: Ich kann da nicht hin, denn ich weiß nicht, was man da anzieht. Dinnerparty zum 100jährigen Bestehen des Palace Merano, am nächsten Tag Pferderennen, da werden geputzte Schuhe nicht genügen. Was, bitte, zieht man zu einem Pferderennen an? Einen Hut, und sonst?

Mein Problem ist dabei grundsätzlicher Natur: chronische Partypanik. Jedes Event, das von mir mehr als Jeans und Pulli erwartet, versetzt mich in lähmende Angst. Aufgebrezelt komme ich mir vor wie beim Kinderkarneval, hoffnungslos verkleidet in einem albernen Kostüm, das unter den Achseln juckt. Denn Flavio ist das allergeringste meiner Probleme: Man zieht sich doch sowieso nur für die anderen Frauen an. Und andere Frauen wissen im Gegensatz zu mir immer genau, dass Gucci jetzt gar nicht mehr geht, dafür aber Rochas, dass Gold das neue Platin ist und Christian Louboutin der neue Manolo.

Bislang habe ich mich immer in meine Schutzkleidung geflüchtet: schwarze Hose, schwarzes Top, Killerheels. Passt immer, macht dünn, und wer sich nicht auskennt, könnte das Top für Lanvin halten. Das ist auf Dauer natürlich entsetzlich feige, ganz zu schweigen von langweilig. Irgendwann ist schwarz kein souveränes Understatement mehr, sondern pure Verzweiflung, und die dünstet man aus jeder Pore aus.

Nein, diesmal soll es anders sein. Diesmal will ich ein »Wow« hören statt »Ach, du auch hier«. *No risk, no fun* ist mein neues Brezel-Mantra: einmal alles auf eine Karte setzen, einmal ein Statement abgeben, einmal Gefahr laufen,

Objekt von Getuschel und hochgezogenen Augenbrauen zu sein. Overdressed, underdressed, völligfalschdressed – wurschtegal, Hauptsache aufsehenerregend.

Aber was anziehen? Auf keinen Fall was Neues, Unerprobtes. Es könnte passieren, dass das doppelseitige Klebeband nicht bei Chiffon funktioniert und auf einmal die Brüste in der Consommé hängen. Allerdings gibt es eine zweite goldene Regel von Modeprofis: Niemals etwas kaufen, wofür man eine spezielle Gelegenheit braucht. Bevor die da ist, will man längst was anderes. Bleibt eigentlich nur übrig, einen ollen Fetzen anzuziehen, der schon mal funktioniert hat – Modeleute nennen das Vintage. An Vintage hätte ich zu bieten: Goldtop von Marni/1999. Bodenlanger nachtblauer Schlauch von Comme des Garcons/1995. Smokingjacke von Dries van Noten/1993. Gilt Karl Lagerfeld für H&M/2004 eigentlich schon als Vintage? Oder zumindest als ironisch?

Aber halt, da hängt es ja, das perfekte Outfit: nonchalante Klasse, relaxte Eleganz, zeitlos modern. Schwarze Hose, schwarzes Top, Killerheels. Hey, das ist die Lösung!

Nagellack

Ich fand es schon immer gut, wenn sich schöne Frauen hässlich machen. Das zeugt von Sportsgeist, es ist ein faires Handicap, das uns anderen zumindest den Hauch einer Chance verschafft. Deshalb: Plateausohlen, Midi-Röcke, groteske Sonnenbrillen, Jeans-Leggings: super Trends, tragt das ruhig, herzlichen Dank. Verstörend wird es allerdings, wenn dieser erfreuliche Hang zur Selbstverunstaltung permanente (Silikonlippen, Botoxstirn) oder semipermanente Formen annimmt. Seit einigen Saisons ist es zum Beispiel Mode, sich möglichst schlimme Farben auf die Nägel zu malen. Je übelkeitserregender, desto hipper. Vor einigen Sommern war das Must-have ein Gelb von Chanel namens »Mimosa«, das aussah, als hätte man sich zu lange im Ohr gekratzt. Oder mit Hepatitis angesteckt. Mit anderen Worten: ähnlich unattraktiv wie andere Nagellackhits, etwa das schlammfarbene »Particulière« (als hätte man mit bloßen Händen eine Klärgrube ausgehoben), das fahlgrüne »Jade« (als hätte man die Wände einer geschlossenen Anstalt abgekratzt) und das dunkelblaugrüne »Black Pearl« (als hätte man sich stundenlang mit einem Vorschlaghammer auf die Finger gehauen) oder das grünlich-gold irisierende »Peridot« (als hätte man eine Kröte auf links gedreht).

Das Rätselhafte an dieser Galerie der Scheußlichkeiten ist nicht nur, dass sich ein sadistischer Creative Director überhaupt solche Farben ausdenkt, sondern dass sie – in einem eigentlich barmherzigen Akt der künstlichen Verknappung – fast nirgendwo zu bekommen sind und dadurch so unendlich begehrenswert werden. Dass dieses Geschäftsmodell funktioniert, verblüfft mich immer wieder: Man produziert etwas Hässliches, das niemand haben will. Man bewahrt die wenigen Irren, die es trotzdem haben wollen, durch strenge Limitierung davor, es kaufen zu können. Und schafft so jedes Jahr stets aufs Neue eine Muss-ich-haben-Hysterie, die dazu führt, dass ein 22-Euro-Fläschchen bei ebay für 129 Euro angeboten wird. Man muss sie schon lieb haben, die freie Marktwirtschaft.

Und ist es nicht vielleicht auch ein ermutigender Trend, dass Hässlichkeit das neue Begehrenswerte ist? Wahre Schönheit – das ultimative Must-have – ist für die Mehrheit sowieso unerreichbar, zu dieser Bad-taste-Party aber ist jeder eingeladen. Das könnte einen doch eigentlich von Herzen freuen, denn mit solchen nagelpilzfarbenen Nägeln haben selbst die Nieten der Genlotterie eine Gewinnchance. Das ist eine Revolution, ein Befreiungsschlag, eine Demokratisierung des Schönheitsbegriffs … nein, das ist leider immer noch einfach nur mieser Geschmack.

Oben drauf

Die Braut behielt ihren Mädchennamen, vorher hatte sie sich mit ihren Freundinnen bei einem Junggesellinnenabschied in Portugal besoffen (wer genau guckte, entdeckte den Bikini-Abdruck unter dem Tüll des Brautkleids), es schien also eine ganz normale moderne Hochzeit zu sein, als die Reiterin Zara Phillips den Rugbyspieler Mike Tindall heiratete. Falsch – ein Blick auf die Köpfe der weiblichen Gäste verriet: Adelshochzeit. Leicht erkennbar an der Menge absurder Hüte, die gegen alle Gesetze der Physik vorwiegend auf der rechten Kopfseite festgetackert sind. Man sah Kartoffelchips mit Pfeifenreinigern und Satellitenschüsseln mit Fliegenfischködern, mehrfach durch den Schredder gejagte Erntedankgestecke, zerknüllte T-Shirts und überfahrene Hühner, die irgendwie am Ohr festgedübelt sind – Hüte in den besseren Kreisen sehen derzeit alle aus, als ob Lady Gagas Kostümdesigner in der Mittagspause mit der Klebepistole gespielt hat. Je feierlicher der Anlass, desto lachhafter die Kopfbedeckung, so scheint es. Bestes Beispiel ist das inzwischen legendäre miederfarbene Spaghettimonster in suggestiver Schleifenform (»Als ob eine gigantische Vagina aus einer Limousine steigt«, so ein Kommentator), mit dem Fergies Tochter Beatrice zur Hochzeit ihres Cousins William erschien.

Wieso wagen gerade die konservativsten Menschen der Welt bei den öffentlichsten Anlässen den größten Irrsinn?

Wieso sieht Camilla dank ihres Hutes immer so aus, als ob ihre Frisur explodiert wäre, warum dreht jetzt sogar die Queen durch, die seit gefühlten Jahrhunderten immer nur hutförmige Hüte getragen hat – und hin und wieder eine Krone –, jetzt aber Dinge auf dem Kopf hat, die links höher sind als rechts?

Einen Hinweis gibt der Modetrend des sogenannten *fascinators*, eines möglichst grotesken Haargestecks aus Federn und Schleifen, das neuerdings als Hutersatz durchgeht. Ein *fascinator* ist ein abgespeckter und gleichzeitig besonders aufsehenerregender Kopfschmuck, der gar nichts mehr bedecken will, sondern ganz offen schreit: Schau! Mich! An! Wäre man gehässig, könnte man sagen: Endlich sind die Hüte genau so nutzlos wie ihre Trägerinnen. Doch der Sinn ist ganz offensichtlich: Wenn auch sonst jede Mode sofort vom Plebs nachgemacht werden kann, diese besondere Art der Krönung ist nur wenigen Frauen und wenigen Anlässen vorbehalten. Der *fascinator* ist das letzte Hurra einer aussterbenden Schicht und weist schon im Namen überdeutlich auf deren einzige Aufgabe hin. Wobei – ein zweiter Name wäre auch noch denkbar. Als alternative Hutbezeichnung schlage ich deshalb vor: *amusator.*

Unten drunter

Auf einer dieser Partys, die morgens um vier mit dem Flambier-Cognac der Gastgeber enden, habe ich mal eine Marketingspezialistin eines Wäscheherstellers kennengelernt, die eine zirkusreife Nummer draufhatte: Sie konnte jeder anwesenden Frau auf den Kopf zusagen, welche Art von Unterwäsche sie trug. Noch besser: welche sie an diesem Abend trug, welche normalerweise tagsüber und welche vor zehn Jahren. »Okay, du da: Balkonett-BH mit nicht passendem Höschen, todsicher weiß, wahrscheinlich Malizia. Normalerweise Calida, früher mal Sloggi, eher pastellig – nein, halt: eher verwaschen. Du: 100 Prozent Baumwolle, 100 Prozent der Zeit. Du bist der kochfeste Typ. Du: heute Bügel-BH, deinem Freund zuliebe. Sonst immer Jogging-BHs. Du findest deine Brüste lästig.« Die Beschriebenen nickten schockiert bis beschämt; einige mussten nachgucken, was genau sie eigentlich anhatten, und nickten dann noch beschämter. Als ich sie nach dem Trick fragte, sagte sie nach einem langen Blick (»Hanro, schwarz, stimmt's?«): »Ich weiß es selbst nicht. Körperhaltung,

Frisur, Auftreten, Absatzhöhe, ob jemand Wein oder Cocktails trinkt, wie viele Ringe, so Sachen. In der Regel kann man einer Frau die Unterwäsche an den Augen ablesen. Bei dir bin ich mir allerdings nicht ganz sicher. Vom Kopf her bist du Boy-Cut, aber wie du dastehst, ist es String.«

Unterwäsche oder, wie wir Norddeutschen sagen, Schlüpper finde ich auch nach mehreren Jahrzehnten Frausein immer noch ein schwieriges Thema. Mit der Figur eines leptosomen 15jährigen haben mich BHs all die Jahre eher theoretisch interessiert, schon weil sogenannte »schöne Wäsche« mit kleinen rosa Schleifchen und kleinen weißen Rüschchen an mir so aussieht, als ob man Girlanden an einen Hochspannungsmast knotet. Vielleicht ist es deshalb auch nur blanker Neid, dass das Wort »Dessous« für mich nicht sexy klingt, sondern nach erotischem Fasching, nach angestrengter Unbequemlichkeit, kratzender Polyester-Spitze und Verzweiflung *Ihre Ehe ist eingeschlafen? Kaufen Sie sich ein paar schöne Dessous und zünden Sie eine Kerze an.*

Der Job von Unterwäsche besteht für mich darin, das, was man drüber trägt, so gut wie möglich aussehen zu lassen. Tragischerweise ist Unterwäsche, die unter Klamotten gut aussieht, niemals Unterwäsche, die ohne Klamotten gut aussieht. Strings: toll unter Jeans, entsetzlich ohne Jeans, wenn sie plötzlich ein paar fahle Pobacken freilegen, die dringend mal wieder ins Fitnessstudio müssten. Umgekehrt Spitzen-BHs: an sich entzückend, aber absolut trashig, wenn sie sich unter T-Shirts abzeichnen. Man muss sich also entscheiden zwischen Wäsche, in der man angezogen gut aussieht, und welcher, in der man nackt gut aussieht. Und wenn man bedenkt, wie viel Prozent seiner Lebenszeit man nur in Unterwäsche durch hoffentlich gut beheizte Räume läuft, ist die Rechnung eigentlich ganz einfach, oder?

Aber die Erotik, werden Verfechter von Dessous jetzt einwenden. Und dass man sich selbst verwöhnt, wenn man was Schönes drunter trägt. Ich bin ein großer Anhänger des Selbstverwöhnens, aber 180 Euro für ein paar Quadratzentimeter Spitze auszugeben, die man mit Baumwollhandschuhen anziehen und nach dem Tragen augenblicklich mit Babyshampoo waschen muss – nee, das gehört nicht dazu. Und schließlich, auch dies eine Einsicht nach mehreren Jahrzehnten Frausein: Männer muss man nicht verführen, man muss sich nur möglichst zügig ausziehen, das reicht in der Regel. Er wird nicht die geringste Ahnung haben, was Sie eben noch anhatten.

Hightech-Training

Dinge, die keinen Spaß machen, sollen bitte schnell vorbei sein, alles andere darf gern länger dauern. Das wäre so ziemlich alles, was ich zum Thema Zeitmanagement zu sagen hätte, leider nicht wirklich genug für ein Ratgeberbuch, obwohl das Thema ja sonst die Lizenz zum Gelddrucken ist.

Da ich Sport ganz klar zur ersten Kategorie rechne, habe ich in den letzten Wochen viel Zeit darauf verwendet, die allerallerzeitsparendste und dabei effektivste Form von Fitnesstraining zu ermitteln. Denn eines ist klar: Das Zeitalter des latschigen Wohlfühlsports mit all seinen Fettverbrennungspuls-Lügen ist vorbei, selbst die Babyboomer-Generation (meine), die jahrzehntelang ihren eigenen körperlichen Verfall mit zunehmend softeren Fitnessmoden kaschiert hat (von Aerobics in den Achtzigern über Nordic Walking in den Neunzigern bis Yoga in den Nullern), will es wieder hart und knackig. Die Qual der Wahl ist seit einiger Zeit Bootcamp-Training: Acht-Wochen-Kurse draußen im Park mit den Folterinstrumenten einer 60er-Jahre-Turnhalle – Medizinbällen, Springseilen und Kugelhanteln. Psychologisch ist das hochinteressant: Die einen gehen dabei in die Knie, weil sie sofort an die Demütigungen des Sportunterrichts erinnert werden, die anderen florieren, weil sie merken, wie herrlich es ist, nicht mehr 13 zu sein. Allein nach all den Jahrzehnten mal wieder einen Medizinball in die Hand zu nehmen, flutet den Körper mit derart viel *fight-or-flight*-Adrenalin, dass man schon dadurch bestimmt massig Kalorien verbrennt. In meinem Fall siegt *flight*: Alles ganz toll, aber das Freilufttraining im Park hat deutlich zu viele Zeugen für meine momentane Matschigkeit.

Ähnliches Prinzip, diesmal als App: das Sieben-Minuten-Training, ein beinhartes Zirkelprogramm. Zwölf Übungen à 30 Sekunden, von Hampelmann bis Liegestütz, dazwischen jeweils ein paar Sekunden Pause. Kann man zu Hause machen, ist super für jeden Tag – wenn man es denn jeden Tag machen würde.

Als begeisterte Userin des 21. Jahrhunderts wähle ich Tor Nummer 3: EMS-Training. »Ein Mega-Plus an Trainingseffizienz« wird versprochen, 20 Minuten pro Woche ersetzen stundenlanges Gerätetraining. Das Prinzip: Man turnt unter Reizstrom gesetzt, ein Personal Trainer peitscht einen durch die Tortur. Zunächst wird man in eine angefeuchtete, stromleitende Weste sowie Arm- und Beinmanschetten geschnallt, verkabelt und macht dann unter Anspannung von allem, was einem noch an Muckis geblieben ist, einfache Muskelaufbau- und Balanceübungen. Durch den Strom würden währenddessen 90 Prozent der Muskulatur stimuliert, heißt es, auch die tief liegende (die tief liegende Muskulatur ist momentan der heiße Scheiß der Fitnessbranche).

All das ist meilenweit entfernt von den lustigen Reizstrommanschetten aus dem Shoppingkanal, die man sich beim Fernsehen umschnallen konnte, eine Hand entspannt in der Chipstüte. Schon nach 30 Sekunden war mir klar: 20 Minuten hiervon würden länger als die Ewigkeit dauern. Die jeweils viersekündigen Reizstromphasen fühlen sich an, als ob mich jemand mit glühenden Stopfnadeln beschießt, während ich im Ausfallschritt meine angewinkelten Arme mit nach rückwärts gerichteten Daumen nach oben hinten presse (können Sie mir folgen? Machen Sie das mal, wenn Sie mit glühenden Stopfnadeln beschossen

werden). Macht man es sich leicht und lockert die Mus-
kelspannung, fühlt es sich an, als ob man in einen elektri-
schen Weidezaun gefallen wäre.

Es war, mit einem Wort, großartig. Nur von der Wirkung bin ich noch nicht überzeugt. Wo bleibt der Mus-
kelkater? Noch kann ich alles bewegen. Wobei ... au, der
Po! Der Bizeps! Die Unteraaaaaah...! Die lsdküzb Äqkj...

EINSEHEN

Diese letzten Texte sind meine absoluten Lieb-
lingstexte, und eigentlich ist es blöd, sie ganz ans Ende
zu stellen. Sollten sie nicht eher ganz nach vorn, damit
die Leser beeindruckt sind von meiner erstaunlichen
Klugheit, meinen Einsichten, meiner Gelassenheit?
(Räusper.)

Klar. Nur wäre es natürlich geflunkert. Mit Gelassenheit kommt man ja nicht auf die Welt, die muss
man sich hart erarbeiten. Indem man sich durch einen
Haufen Blödsinn baggert, den das Leben bereithält,
eigenen Blödsinn und den anderer Leute. Wenn man
sich hinreichend oft geirrt hat, wenn man oft genug auf
die Nase gefallen ist und über all das oft genug gelacht
und geheult hat, dann, ja dann ...

Vielleicht. Meist aber auch nicht.

Denn Erkenntnisse sind nie der Endpunkt,
sondern bestenfalls ein Zwischenschritt auf dieser
lustigen Expedition namens Leben.
Eine Art Basiscamp auf dem Weg

95
JAHRES-PLAN

wohinauchimmer, eine Verschnaufpause. Beim nächsten Schritt rutscht man schon wieder auf dem Hosenboden den Berg runter, fluchend, fäusteschüttelnd.

War ich nicht schon weiter, verdammt noch mal? War ich nicht schon schlauer, nachsichtiger, glücklicher? Insofern hätten diese Kolumnen tatsächlich am Anfang stehen können – ein Ende ist nicht in Sicht, das Lieben, Hassen, Ausprobieren wird immer so weitergehen, es werden noch viele Irrtümer, Bauchklatscher, Enttäuschungen, Überraschungen folgen. Gott sei Dank.

error

Weniger müssen müssen

Vor einiger Zeit kam ich bei einer Lesung mit einer älteren Dame ins Gespräch, deren Art zu reden mich anfangs fast genervt, dann entzückt und seitdem nicht mehr losgelassen hat. Denn möglicherweise hat sie mit ihrer Sprechweise einen genialen Trick erfunden, sich hienieden ewige Glückseligkeit zu bescheren.

»Ich durfte letztes Jahr durch Kolumbien reisen«, sagte sie zum Beispiel. Oder: »Ich darf nachher noch meine Schwester im Krankenhaus besuchen.« Sie meinte das ganz gewiss nicht ironisch à la »Ich darf heute mal wieder Überstunden schieben«, es klang auch nicht übermäßig pietistisch nach demütig empfangener Gnade, sondern es kam ganz beiläufig daher. Mir fiel dieses irritierende »dürfen« eben wieder ein, weil ich mich gerade mal wieder beim genauen Gegenteil erwischt habe. »Superwetter, lass uns mit den Hunden an die Elbe«, simste mir eine Bekannte. »Geht nicht, ich muss noch die blöde *Stern*-Kolumne schreiben«, simste ich zurück.

Ich muss, ich muss, ich muss: Das ist inzwischen die Standard-Sprachreglung, wenn man von seinen Plänen spricht. *Ich muss noch ein Geburtstagsgeschenk kaufen. Ich muss heute Abend ins Konzert. Ich muss früh ins Bett, weil ich morgen nach Berlin muss.*

Keine Ahnung, wie und warum es passiert ist, dass aus dem Wollen ein Müssen geworden ist, aus den Plänen eine

Planwirtschaft. »Ich muss« wird stets in leicht gestresstem Tonfall ausgesprochen, seufzend und murrend, als ob man keine andere Wahl hätte. »Ich muss«, das ist die Faust im Nacken, ein Joch, ein diktatorischer Druck, dem man sich ohnmächtig zu beugen hat – oder über den man zumindest wortreich klagen kann, zumal in der Steigerungsform »ich muss endlich« (zehn Kilo abnehmen, die Steuer machen) oder »ich muss endlich mal wieder« (ins Fitnessstudio, meine Eltern besuchen). Dauerdruck, unentrinnbar, und wir die armen Opfer.

Dabei sind fast alle dieser gemussten Dinge selbst auferlegt (dass der Rasen gemäht werden muss, steht weder in den Zehn Geboten noch im BGB) und nicht selten sogar erfreulich: »Ich muss noch meinen Resturlaub nehmen.« (Urlaub! Was für eine Zumutung!) Trotzdem tun wir ständig so, als ob wir mit vorgehaltener Waffe gezwungen werden zu tun, was wir eigentlich gar nicht tun wollen.

Dabei muss man eigentlich wahnsinnig wenig, wenn man mal darüber nachdenkt. Sterben, klar, irgendwann. Atmen, damit man nicht so schnell stirbt. Trinken, essen, dito. Das war's dann aber auch schon, dahinter öffnet sich direkt das weite Feld der Möglichkeiten und persönlichen Entscheidungen. Dass diese Lebensentscheidungen Konsequenzen haben, denen man sich nicht entziehen kann, ist dabei unbenommen – wer ein Kind hat, *muss* es füttern und *muss* es vom Kindergarten abholen, keine Diskussion. Aber selbst Dinge, die völlig unverhandelbar sind, profitieren immens davon, wenn man sich das Zwangs- und Jammerwort »muss« verkneift. *Ich hole mein Kind ab. Ich komme später, ich will noch den Rasen mähen. Ich möchte lieber die Kolumne fertig schreiben.* Oft ist es nur eine Frage der Formulierung, die dafür sorgt, dass man sich die Entscheidungsfreiheit wieder zurückerobert und aus der eingebildeten Knechtschaft befreit. Wie heißt es immer so schön in der Harndrangsbeschwerdenreklame kurz vor den Fernsehnachrichten? Weniger müssen müssen.

Die hohe Schule ist natürlich das »dürfen« der alten Dame vom Anfang, das mich ursprünglich so irritiert hatte. Als ob ihr jemand eine Genehmigung zu erteilen hätte, so klang mir das zunächst. Von wegen: Sie hat sich einfach bei jeder Gelegenheit selbst die Erlaubnis gegeben zu tun, was sie will.

Is mir egal, ich lass das jetzt so

Ich habe ein T-Shirt mit der Aufschrift »Is mir egal, ich lass das jetzt so«, das ich an höchstens zwei oder drei Tagen im Jahr anziehe (nämlich solchen, an denen ich das Haus nicht mal bei Bombenalarm verlasse; ich bin locker dreißig Jahre zu alt für Motto-T-Shirts in der Öffentlichkeit). An allen anderen Tagen aber trage ich dieses goldene Pfuscher-Mantra quasi subkutan, direkt ins Herz tätowiert: Denn eines der fabelhaftesten Dinge am Altern ist doch, dass der Lebensoptimierungswahn der jüngeren Jahre rapide nachlässt zugunsten einer gesunden Scheiß-drauf-Attitüde. Nach jahrzehntelangen redlichen Bemühungen, endlich ein verantwortungsbewusstes Erwachsenenleben zu führen, ein rückenmuskeltrainiertes, steueroptimiert angelegtes, *life-work*-balanciertes, vor Mitternacht ins Bett gegangenes Spitzenleben, habe ich beschlossen: Das wird nichts mehr. Das kriege ich nicht mehr hin, so ein Prachtexemplar der Menschheit zu werden. War 'ne bescheuerte Idee, von Anfang an.

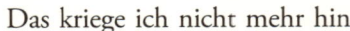

Mit fünfzig passiert den meisten, die ich kenne, etwas ganz Wunderbares: Sie kommen endlich in ihrem Leben an – in dem, das sie haben, nicht in dem, das sie gern hätten. Der Drops ist gelutscht, die Dinge sind gelaufen, wie sie gelaufen sind. Es hätte besser kommen können, aber auch schlechter. Sehr viel schlechter. Irgendwie hat man es geschafft, sich erfolgreich durchs Leben zu stümpern; dilettantisch, klar, aber es hat einem ja auch vorher keiner erklärt, wie das geht, die Sache mit dem Leben.

Aber statt sich selbst zu dem schönen Erfolg zu gratulieren, bis hierher halbwegs senkrecht durch die Welt gegangen zu sein, hadern viele mit sich, dass sie immer wieder an denselben Stellen stolpern. Jeden Monat ab dem 20. im Dispo, seit Jahren dieselben fünf Kilo abnehmen und wieder zunehmen und wieder abnehmen: Das schlaucht, das nervt, das macht einen zum schlecht gelaunten Mobbing-Opfer der Unzufriedenheitsindustrie, die einem für nur 19,90 Euro pro Ratgeberbuch oder 45,90 Euro pro Strähnchenfärben oder 99 Euro pro Monat Fitnessclubkarteileichenbeitrag gern zur Seite steht – Hauptsache, man ändert sich nie.

Wie jeder habe auch ich jede Menge To-dos auf der Liste: Ich sollte nicht so viel trinken, öfter an die frische Luft gehen, weniger Zeit im Internet verdaddeln und mehr schonend gegarten Seefisch essen – alles hochinteressante und absolut berechtigte Vorschläge. Nur bin ich inzwischen nicht mehr überzeugt, dass mich all das wirklich zu einem besseren Menschen macht. Und schon gar nicht zu einem angenehmeren. Leben im Konjunktiv – ich sollte, müsste, hätte längst mal – ist reine Energieverschwendung. Wie viel entspannter lebt es sich hingegen in friedlicher Koexistenz mit seinen fünf Kilo Übergewicht, wenn man sich selbst gegenüber endlich Gnade walten lässt und würdevoll kapituliert: *Okay, ihr habt gewonnen. Aber ihr seid ja auch zu fünft.*

Altern ist toll. Das Bluffen nimmt ab. Das Gesichtwahren. Der kategorische Imperativ. Man schuldet keinem mehr was, nicht mal sich selbst. Nur dieses eine: ein glückliches, gelungenes Leben nach eigenen Spielregeln zu führen. Dazu hat man endlich die Zeit und Kraft, wenn man sich von dem perfektionistischen Quatsch lossagt, den die Welt einem als Pflichtprogramm einbläuen will. Stattdessen: Schnapsideen! Befreiungsschläge! Unverantwortliche Kurswechsel! Is mir egal, ich mach das jetzt mal.

Sex mit 40

Mit 40 weiß man eins: Jeder lügt über Sex. Jeder. Wie oft, wie toll, mit wem – alles gelogen. Die sogenannte Wahrheit über Frauen, in Serien wie »Sex in the City«? Erfunden und geschrieben von schwulen Männern, die sich einbilden, Frauen würden so ticken wie sie. Deshalb ist es vermutlich auch gelogen, dass Sex erst ab 40 so richtig gut ist, wie Studien, Umfragen und unzählige Zeitschriftenartikel immer wieder behaupten.

Das Schöne ist: Mit 40 sind einem all diese Studien schnurzpiepe. Die ersten 20 Jahre Sex hat man mit Fragen verschwendet. Wie sollte es sein? Wie fasse ich ihn richtig an? War das jetzt ein Orgasmus? Und macht es mich zu einer Schlampe, wenn ich es genieße, in Overknee-Stiefeln auf ihm zu sitzen? Mit 40 hat man die Antwort gefunden. Und die lautet: Wurscht, wie es sein sollte, wichtig ist, wie es ist. Egal, was die anderen denken, wichtig ist, was ich fühle.

Mit 40 hat man einiges verloren – ein paar Illusionen, ein paar Verklemmtheiten, jede Geduld mit Männern, die nicht wissen, was sie tun –, aber unendlich viel gewonnen. Die Erfahrung zu sagen, was man will (denn sonst kriegt man es nicht), den Mut, gierig zu sein, das Wissen, dass Sex in vielen Geschmacksrichtungen kommt, Verknalltheitssex, Vertrautheitssex, Verzweiflungssex, Versöhnungssex.

Vielleicht ist der Körper aus dem Leim, aber man weiß genau, was man alles mit ihm anstellen kann. Man ist stark genug, sich rückhaltlos hinzugeben, und alt genug, unentschuldbar albern zu sein. Man hat genug probiert, genug verworfen und genug entdeckt, man tut, was man liebt, und lässt den Rest. Man muss nichts mehr beweisen und nichts vorspiegeln, weder Sittsamkeit noch Lüsternheit. Wenn's drauf ankommt, kriegt man einen erstklassigen Orgasmus in unter fünf Minuten hin (in einer Sauna-Umkleidekabine oder einer Düne auf Amrum, nur so als Beispiel), aber in der Regel hat man keine Eile. Sex mit 40, das ist ein langes, faules, nachmittägliches Picknick. Bisschen Sex, bisschen Wein, bisschen Sex, bisschen nackt auf der Terrasse rumlungern, bisschen Sex (auf der Terrasse, wenn man schon mal da ist), bisschen Spaghettikochen, bisschen mehr Wein. Und dazwischen viel Gelächter. Und eins ist so gut wie das andere: Sex ist Alltag geworden, keine Gala mehr, keine Inszenierung. Sex ist Butterbrot, kein Candle-Light-Dinner. Umgekehrt wird dadurch der Alltag sexier.

Und wenn man zwischendurch ein paar Monate keinen Sex hat, wegen der Kinder, der Karriere, der ewigen Müdigkeit? Blöd, aber so ist es nun mal. Manchmal ist eine durchgeschlafene Nacht so begehrenswert wie früher eine durchgemachte. Sex hat nichts auf einer To-do-Liste zu suchen. Er kommt, er geht, und er kommt wieder.

Manchmal bedeutet fleischliche Begierde: ein großer Teller Carpaccio mit Parmesan und Kürbiskernöl. Manchmal ein Hotelzimmer in der eigenen Stadt. Manchmal der Blick in seine Augen.

Wie sollte Sex sein? So. Genau so soll Sex sein, wie er hier und heute gerade ist. So wichtig, so unwichtig. So einfach.

Edgar

Aus verschiedenen Gründen – und ich werde den Teufel tun, die hier detailliert auszubreiten – habe ich gerade eine etwas selbstmitleidige Phase. So was gehört zum Leben eines durchschnittlichen Mitteleuropäers in fortgeschrittenem Alter unbedingt dazu und ist deshalb auch nicht weiter besorgniserregend. Wie immer bei solchen Anfällen ist der größere Teil des Selbstmitleids reine Larmoyanz und ein kleinerer, aber wichtiger Teil völlig berechtigt und zudem heilsam. Manchmal wachsen einem die Dinge eben über den Kopf, und dann sollte man sich nicht auch noch selber knüppeln, sondern sich sagen: »Du armes Ding, wo tut es denn weh? Ich puste mal drauf, dann wird es schon wieder besser.« Gelegentlich muss man die zusammengebissenen Zähne ein wenig lockern, um sich ein paar Globuli Selbstmitgefühl und Selbstnachsicht unter die Zunge zu schieben.

Ich jedenfalls ging wie die meisten selbstmitleidigen durchschnittlichen Mitteleuropäer in eine Kneipe. Die Kneipe hieß Blanker Hans. Links an der Theke wartete meine Rettung auf mich, sie hieß Edgar und trank gerade das erste Bier.

Edgar ist von Geburt an schwer gehbehindert, sein linkes Bein ist fünfzehn Zentimeter kürzer als das rechte, beide Sprunggelenke sind versteift, in den Knien fehlen die Kreuzbänder. Edgar rollte das linke Hosenbein hoch und zeigte seinen kniehohen Spezialstiefel, in dem der Fuß steht wie der einer Ballerina und an dem sein Orthopäde drei Monate gebaut hat. Als er klein war, haben ihn die anderen Kinder »Klumpfuß« gerufen, was er damals geduldig mit der Erklärung beantwortete, dass das nicht stimme, weil seine Klumpfüße operativ entfernt worden seien, als er noch ein Baby war.

Edgar ist inzwischen Anfang vierzig. Und Sportlehrer an einem Internatsgymnasium. Sport- und Kunstlehrer, um genau zu sein, denn Sport und Kunst sind für ihn zwei Seiten einer Medaille, sagt er. »Welcher Medaille?«, fragte ich. Der Möglichkeit zum Selbstausdruck und zur Selbsterfahrung, sagte er. Alles schön und gut, aber ausgerechnet Sportlehrer, wenn man selbst nur unter Mühen laufen kann? Warum will man das? Wie geht das? Wie bringt man Schülern bei, was man selbst nicht kann? Wie…? Edgar sagt: »Kinästhetische Wahrnehmung.« Also: durch Körperempfinden die richtigen Bewegungen lernen.

Und dann hat er mir dort an der Theke die korrekte Kraulschwimmtechnik beigebracht. Ich sollte mich hinstellen, die Augen schließen und mir vorstellen, dass ich auf dem Wasser liege. Er führte meinen rechten Arm gegen dessen Widerstand (denn mein Arm wollte so gern die gewohnte, falsche Kraulbewegung machen) durch das imaginäre Wasser, den Ellbogen vorn, die Hand gerade an der Hüfte entlang. Und in dem Moment atmen, nicht etwa dann, wenn der Arm wieder oben ist.

Ich habe, um das mal zusammenzufassen, nachts in der Kneipe von einem hochgradig körperbehinderten Sportlehrer das Schwimmen beigebracht bekommen. Unter anderem. Denn was er mir noch beigebracht hat, ohne dass wir darüber gesprochen hätten: dass immer mehr geht, als man denkt. Als all die anderen denken. Man muss nicht alles können, um andere genau das Richtige zu lehren. Edgar zum Beispiel zeigt seinen Schülern im Sportunterricht, wie sie eine Gasse bilden, in der ein radschlagendes Kind plötzlich Hilfestellung von ganz vielen bekommt. Da geht es dann um die wirklich wichtigen Dinge, um Vertrauen und Verantwortung.

Ich ging nach Hause, meine dunklen Wolken waren verflogen. »Wo aber Gefahr ist, wächst das Rettende auch«, sagt Hölderlin. Und wo Selbstmitleid ist, steht immer irgendein Edgar an irgendeiner Theke.

Die Zwei-Minuten-Regel

Wie fast jeder Mensch versuche ich die Dinge einigermaßen geregelt zu kriegen, und wie absolut jeder Mensch bin ich davon überzeugt, dass fast alle das besser schaffen als ich. Deshalb gucke ich rasend gern sogenannte Life-Hack-Videos, in denen demonstriert wird, wie man ein T-Shirt in zwei Sekunden faltet (ich habe gerade 20 Minuten mit Videogucken zugebracht und kann es immer noch nicht), wie man Kartoffelchips als Grillanzünder benutzt und eine Mango mit einem Glas schält, wie man einen Hamburger so hält, dass nichts rauskleckert, und welche erstaunlichen Einsatzmöglichkeiten es für Klopapierrollen und Paketklebeband gibt.

Genau so gern lese ich Maximen älterer Menschen aus der Abteilung »Was ich im Leben gelernt habe«. Dass man sich nicht mit Vergangenem aufhalten, andere um Hilfe bitten, im Zweifel lieber die Klappe halten soll, so Zeug halt. *Carpe diem*, ruf mal deine Mutter an, zähl bis zehn, bevor du was Blödes sagst. Kennt man.

Ungefähr ein Prozent dessen, was ich an solchen Lebens- und Haushaltstipps aufschnappe, behalte ich, ich bin in dieser (und nicht nur in dieser) Hinsicht wie ein Blauwal, der Tonnen von Meerwasser für ein paar Gramm Plankton schluckt. Ich lese das in etwa der Art, wie ich Kochsendungen schaue: Doll, was man alles machen könnte und wie viel schöner das Leben wäre, wenn man es tatsächlich täte. Wichtig ist aber, es auf keinen Fall zu tun: Es ist ein wohliges Gefühl zu glauben, dass man nur einen winzigen Schritt vom guten Leben entfernt ist, und tausendmal besser, als herauszufinden, dass man nach Befolgen aller klugen Ratschläge der Welt dann doch nicht ein Gramm mehr Glückseligkeit im Leib hat.

Aber liebe Frau Winnemuth, altes Haus, mögen Sie jetzt einwenden, das kann doch nicht sein, auch Sie in Ihrer unermesslichen Weisheit müssen doch Lebensregeln und Erkenntnisse haben, die Ihr kleines unperfektes Leben zusammenhalten wie Paketklebeband.

Habe ich. Die Zwei-Minuten-Regel. Die geht so: Alles, was sich in zwei Minuten erledigen lässt, wird sofort erledigt. Die Regel stammt ursprünglich von Zeitmanagementpapst David Allen, der zu Recht argumentiert, dass es bei vielen Dingen länger dauert, sie auf eine To-do-Liste zu schreiben, als sie einfach zu machen und so aus dem Weg zu schaffen. Jeder unerledigte Kleinkram ist wie ein Kieselsteinchen, in Windeseile wird ein Geröllhaufen draus. Die Zwei-Minuten-Regel ist psychologisches Gold, sie beschert einem lauter kleine Erfolgserlebnisse. Es beginnt mit dem Bettenmachen am Morgen (das grandiose Gefühl, schon mal was geschafft zu haben, bevor man überhaupt richtig wach ist, eine zivilisatorische Heldentat im Halbkoma), geht weiter mit dem sofortigen Abspülen benutzter Teller und mit dem sofortigen Zurückpacken von Dingen dahin, wo sie hingehören. Ich bin ein manischer Zurückpacker: Jedes Ding hat einen Platz. Nicht zwei. Und wenn man ein Ding oft an zwei Plätzen braucht, hat man besser zwei Dinge (einen Korkenzieher in der Küche, einen in Tischnähe).

Es ist erstaunlich, was man alles in zwei Minuten erledigen kann, wenn man erst mal damit angefangen hat. Einen Arzttermin machen, eine E-Mail beantworten, die Dusche putzen, eine Kugel Eis essen, aus dem Fenster gu-

cken, Facebook checken, die ersten beiden Minuten einer
Folge »House of Cards« gucken, die nächsten beiden Minuten »House of Cards gucken« … Hoppla.

In der nächsten Folge: Wie man trotz Zwei-Minuten-
Regel die Dinge doch noch geregelt kriegt.

Süchtig

Nur noch einen, dann ist Schluss. Nur noch einen einzigen Kartoffelchip. Nur noch einen letzten Drink, einen
kleinen. Nur noch eine schnelle Runde »Quizduell« spielen. Und dann bleibt es doch nie nur bei der einen. Sondern dann kommt noch eine. Und noch eine. Und noch
eine. Man hört nicht auf, bis die ganze Chipstüte leer ist,
man zockt sich durch die Nacht, obwohl die Augen längst
brennen und man morgen ganz früh rausmuss. Das wird
man bedauern, man wird sich dafür hassen, völlig klar.
Ach, man hasst sich sogar jetzt schon, und eigentlich macht
es überhaupt keinen Spaß mehr, aber trotzdem kann man
nicht aufhören. Jetzt ist es eh schon egal, jetzt kommt es
auf einen weiteren nicht mehr an. Aber danach ist Schluss.
Echt jetzt.

Über das Phänomen, dass man Genuss oft über die
Schmerzgrenze hinaus treibt (die Psychoneuroendokrino-
logen nennen es fein »hedonistische Hyperphagie«), wird
seit einiger Zeit wacker geforscht, mit bislang unergiebigen
bis widersprüchlichen Theorien. Das Chipstüten-Phäno-

men etwa wird mal mit beigemischten Geschmacksverstärkern wie Glutamat erklärt, mal mit der Aktivierung des Belohnungssystems im Gehirn durch die Ausschüttung von Endocannabinoiden, körpereigenen Drogen (meine Lieblingstheorie, wer hätte gedacht, dass wir eine Haschischplantage im Darm betreiben?), mal mit der Vermutung, dass die Kartoffelchipskrümel besonders effektiv in die Mundschleimhaut pieksen und dadurch den Speichelfluss erhöhen, was wiederum nur mit noch mehr Chips aufgefeudelt werden kann – ein schicker kleiner Teufelskreis und Blaupause für jeden Fooddesigner, der im Dienst der Lebensmittelindustrie an nichtaufhörenkönnentauglichen Produkten bastelt. All das erklärt natürlich nicht im Geringsten, warum Daddelspiele, DVD-Boxen und Doppelpacks Mars eine ähnlich addiktive Wirkung haben; in die Mundschleimhaut pieksen die jedenfalls bei sachgemäßer Anwendung nicht.

Irgendwann im Lauf der Beschäftigung mit so einem Thema fällt dann immer das Wort Sucht. Wer nicht aufhören kann, ist süchtig. Kaufsüchtig, spielsüchtig, schokosüchtig, chatsüchtig. Alles, was man gern hat, also oft und dann auch lange will, ist heute eine Droge: das Internet, der Zucker, der Sex. Diese Sichtweise ist praktisch, weil sie gleich zwei menschliche Vorlieben bedient: die Lust am Drama und die Bequemlichkeit. Wenn alles, was man nicht im Griff hat, eine Sucht ist, rückt es jeden Gummibärchenesser in existenzielle Nähe jener gequälten Seelen, die man mit einer Nadel im Arm auf dem Badezimmerboden findet – hey, auch mein Leben balanciert am Abgrund entlang, selbst wenn ich nur bis zum Ellbogen in einer Erdnussfliptüte stecke! Gleichzeitig ist das Suchtgerede angenehm bequem, denn man tritt jede Verantwortung an eine imaginäre Krankheit ab: Ich kann ja nichts dafür, ich bin süchtig. Etwas ist stärker als ich. Und überhaupt, die Zuckerindustrie ist schuld. Oder die Werbung. Oder die Gene. Auf jeden Fall nicht ich. Freier Wille funktioniert nur, wenn es um die Wahl der Chips-Marke geht.

Dass wir die meisten Dinge im Leben wider besseres Wissen tun und damit einfach nicht aufhören mögen, ist das eine – das macht uns ja zu diesen unterhaltsamen Kreaturen, über die sich ein hoffentlich humorbegabter Gott kaputtlacht. Dass wir aber auch nicht aufhören können, uns dafür hanebüchene Ausreden und Rechtfertigungen zurechtzuzimmern, das … Ach komm, nur noch einen Satz, jetzt ist es eh schon egal. Wirklich, nur noch diesen einen! Ach Mist, die Seite ist voll.

Grün wird's nicht

Wie jeder Journalist bin ich ein großer Fan der Lüge.

Gut, möglicherweise sollte ich anders anfangen.

Wie jeder Journalist bin ich ein großer Fan des bezaubernden menschlichen Talents zum Lügen, Betrügen, Tricksen, Täuschen und Verschleiern. Denn die Lüge ist ja nicht nur Grundlage der Zivilisation (Evolutionsbiologen sagen, ein Zeichen von Intelligenz und Kreativität und deshalb entscheidend für das Überleben), sondern auch Basis aller guten Geschichten. Ich würde mal schätzen: 90 Prozent der Weltliteratur handeln von Lügen und Selbstlügen, die durchaus aus edlen Motiven geschehen können, aus Liebe, aus Barmherzigkeit, zur Rettung anderer. Und auch im Alltag ist die Lüge meist eine prima Sache, soziales Gleitmittel, Konfliktverhinderer, Erträglichmacher. Laut Nietzsche, dem ollen Realisten, ist die Lüge »so sehr die

Regel und das Gesetz, dass fast nichts unbegreiflicher ist, als wie unter den Menschen ein ehrlicher und reiner Trieb zur Wahrheit aufkommen konnte«. In der Tat ein großes Rätsel.

Bislang war die Lüge – sieht man von einigen cleveren Schimpansen und manipulativen Katzen ab – eine Domäne des Menschen, dieser leicht verbeulten Krone der Schöpfung. Worauf man sich dagegen immer verlassen konnte: Technik. Computer. Unbestechliche Schaltkreise. Das scheint nun vorbei zu sein. In den nächsten Jahren, weissagen die Digitalgurus, wird es immer mehr Maschinen geben, die uns zu unserem eigenen Besten behumsen. Bekannt sind ja bereits die sogenannten Placebobuttons in Fahrstühlen und an Fußgängerampeln, die Tasten für »Türen schließen« oder »Signal kommt«. Fast immer haben diese Knöpfe nur eine Funktion: Blitzableiter für nervöse Energie zu sein und Benutzern ein Gefühl von Kontrolle zu suggerieren. Ähnlich verhält es sich mit Download-Balken im Computer, die angeblich den Fortschritt eines Down- oder Uploads anzeigen, aber nicht das Geringste mit der tatsächlich noch verbleibenden Zeit zu tun haben (wie jeder weiß, der mal eine Viertelstunde lang auf die Anzeige »Weniger als eine Minute« gestarrt hat). Solche Placebofunktionen sind Beruhigungspillen für unsere unvollkommene Spezies, die stets nur den eigenen Nutzen und nie den der Gemeinschaft im Blick hat. Bei Fußgängerampeln zum Beispiel funktionieren die Knöpfe nur nachts, tagsüber würde es zu einem wüsten Chaos in den Innenstädten führen, wenn jeder Passant in die Verkehrsführung eingreifen könnte. Hat man aber so einen Knopf erst mal gedrückt, bleibt man meist auch tatsächlich stehen, bis die Ampel – unbeeindruckt von der Drückerei – irgendwann sowieso auf Grün springt. Ergebnis: bravere Fußgänger, weniger Unfälle. Da geht so ein bisschen benevolenter Betrug doch eigentlich ganz in Ordnung.

Oder doch nicht? Je schlauer die Maschinen werden und je mehr sie die Steuerung komplexer Zusammenhänge übernehmen, die kein Mensch mehr überblicken kann, desto ausgefeilter werden auch die Ablenkungs- und Beschwichtigungsmanöver, die uns über unseren Kontrollverlust hinwegtäuschen. Stoff für viele wahr gewordene Science-Fiction-Filme – wenn da nicht das gute alte Lügentier Mensch wäre, der bislang noch jede Maschine ausgehebelt hat. Ich trug zum Beispiel bis vor Kurzem ein Fitness-Armband, das meine körperliche Aktivität in ominösen, komplett frei erfunden »Fuel«-Einheiten maß. Mein Tagesziel waren 3000 Fuels. Wenn ich abends auf dem Sofa merkte, dass mir noch ein paar hundert Einheiten fehlten, wedelte ich einfach so lange mit dem Arm, bis die 3000 voll waren, die andere Hand derweil entspannt in der Chipstüte. Bingo. Im Lügen bin ich immer noch besser als jedes Gerät.

Mupfel

Letztens ging es bei einem Abendessen um Architektur und den Trend zu sogenannten Familienräumen, in denen alles stattfindet, Kochen, Essen, Wohnen. Die sind schon prima, sagte ich, aber trotzdem braucht doch jeder seine Mupfel, um mal zu sich zu kommen. Die Älteren nickten, eine Dreißigjährige fragte ratlos: »Eine was?« – »Eine Mupfel. Du weißt schon, Urmel aus dem Eis.« – »???« – »Augsburger Puppenkiste. Darin kommt eine große Muschel vor, in der Wawa immer schläft, und Ping, der Pinguin, hätte dringend gern auch so eine, und da er das ›sch‹ nicht aussprechen kann, sondern stattdessen immer ›pf‹ sagt … Ach, egal.«

Oder vielleicht auch nicht egal. Wörter sind oft Steno für Gefühle (kennt noch jemand Steno?), ein Kürzel mit Resonanzkörper, und Mupfel ist für mich so ein Wort.

In meinem Lexikon würde stehen: Rückzugsraum, Kuschelhöhle, Ort der Unerreichbarkeit und des Unbeobachtetseins. Eine Mupfel eben, was soll man sonst dazu sagen?

Natürlich ging es schnell um weitere Generationenwörter, die nur für eine bestimmte Altersgruppe verständlich sind und deren Gebrauch einen so genau datiert wie Namen. Ebenso wie man bei Wolfgangs und Manfreds weiß: definitiv älter als 50, und bei Beates und Martinas: definitiv älter als 40, weiß man es beim Sprachgebrauch auch. Ich zum Beispiel sage immer noch LP zu dem, was man heute, glaube ich, Album nennt, also eine Sammlung mehrerer Musiktitel zum gleichzeitigen Downloaden. Platte kann

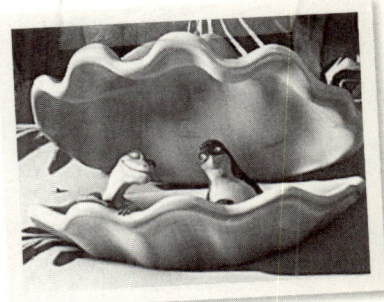

man das ja nicht mehr nennen, CD eigentlich auch nicht. Und ich sage Apfelsine und Pampelmuse, nicht Orange und Grapefruit: eindeutig über 50 und auf dem Weg zu 60.

Schnell hatten wir andere Wörter gesammelt, die auch schon ganz schön graue Schläfen haben: Schutzmann. Bratkartoffelverhältnis. Sendeschluss. Steckenpferd. Muckefuck. Groschenroman. Wählscheibe. Gummiadler. Bandsalat. Backfisch. Fracksausen. Nassforsch. Schmissig. Tatterich. Brummi. Wilde Ehe. Heiermann. Ach, der gute alte Heiermann! Und sagt man eigentlich noch »Riese« für 1000 Euro, oder galt das nur für den Tausendmarkschein?

Oft gibt es das, was gemeint ist, nicht mehr, was das Verschwinden von Wörtern wie Wählscheibe und Bandsalat erklärt; andere Wörter sind zeitgebunden und mit den bezeichneten Phänomenen verblichen: Persilschein (Entnazifizierung, ca. 1946), Mauerspecht (Berliner Andenkensammler, ca. 1989), Elchtest (Mercedes-A-Klasse, ca. 1997), Kaschmirkanzler (Gerhard Schröder, ca. 1998). Einige Wörter wurden nur durch neue, schickere ersetzt (Gabelfrühstück/Brunch), viele mit völlig neuen Bedeutungen versehen. Kaum einer denkt heute noch bei »gemein« an gewöhnlich oder üblich, fast jeder denkt gleich: fies. Oder »Haftschalen«, herrlich! Ich verstehe: Kontaktlinsen, die Dreißigjährige am Dinnertisch: freischwebende Klebe-BHs für schulterfreie Kleider. Noch schöner: Walken. Schnell, denken Sie da an große Wäsche mit Waschbrett oder an Schonsport mit Stöcken oder ohne?

Es gibt so viele grandiose Bezeichnungen, dass ich für die Einführung eines Altenwort des Jahres plädieren möchte, analog zum jährlich gekürten Jugendwort (2014: Läuft bei dir, 2013: Babo, 2012: Yolo, 2011: Swag). Ein Wort also, das vom Aussterben bedroht ist, das aber bündig ein Phänomen, eine Sache, eine Idee, eine Gewohnheit auf den Punkt bringt wie nichts anderes. Für 2015 nominiere ich neben Mupfel das Wort »Schiebewurst«: Wenn es zu wenig Wurst für eine Scheibe Brot gibt und man die Wurstscheibe nach jedem Abbeißen ein Stück weiterrückt, damit auch beim nächsten Bissen noch was auf der Bemme ist. Überhaupt: Bemme…!

Fehler

»Und? Wart Ihr noch im M&V?«, simste ich vorhin einem Freund. Begann jedenfalls zu simsen und stoppte. Wart Ihr? Ward Ihr? T? D? Ich weiß nicht, wie oft ich das schon geschrieben habe, aber ich weiß genau, wie oft ich mir diese Frage gestellt habe: Jedes. Verdammte. Mal.

Das Gleiche mit Leipzig. P? B? Leibzig? Ich weiß es natürlich, aber nie weiß ich es sofort, immer ist es mit heftigem Nachdenken verbunden, mit wackligen Eselsbrücken (»nicht wie der Keks und der Philosoph«) und knirschenden Zähnen. Warum, zum Teufel, kann ich mir das einfach nicht merken? Warum stolpere ich immer wieder an derselben Stelle? (Oder heißt es hier: an der gleichen Stelle?)

Eine kleine Umfrage im Freundes- und Kollegenkreis – in Kolumnistenkreisen gilt das als investigative Recherche – ergab: Jeder hat so ein bis mehrere Dinge, die er sich auch beim tausendsten Mal nicht merken kann, einen Fehler, den er immer und immer wieder macht, komplett vernagelt. Bedrouille statt Bredouille. Labtop statt Laptop. Brilliant statt brillant. Es heißt Billard, nicht Billiard, Mensch! Canal Grande, nicht Canale Grande, merk's dir doch endlich!

Das Teuflische an solchen Permafehlern ist: Das Richtige kommt einem so wahnsinnig falsch vor und das Falsche so wahnsinnig richtig. Kommt »brillant« nicht von »brillieren«? Müsste dann nicht dringend ein i rein? Sieht Albatros mit nur einem s nicht irre verhungert aus? Tina Berning, eine wunderbare Illustratorin, mailt mir gerade, dass sie sich nie die Zeichen für männlich und weiblich merken kann, Kreis mit Pfeil rechts oben oder Kreuz unten. »Ich habe eine regelrechte Toilettenpanik«, schreibt sie. Und ich habe regelrechte Albträume (Alpträume? Nein, Albträume. Oder doch Alpträume?), wenn ich daran denke, dass ich mit 93 noch an haargenau denselben Stellen stolpern werde wie mit 13. Richtig irre werde ich, wenn mir bei »Quizduell« zum fünften Mal dieselbe Frage gestellt wird und ich jedes Mal dieselbe falsche Antwort gebe, auch wenn ich genau weiß: Vorsicht, bei den südafrikanischen Amtssprachen hattest du schon beim letzten Mal danebengelegen. Wenn die Definition von Einstein stimmt – Wahnsinn sei, immer wieder dasselbe zu machen und dabei unterschiedliche Ergebnisse zu erwarten –, bin ich völlig meschugge.

Rechtschreibung und Wissensfragen sind natürlich nur Pipifax gegen all die anderen Dauerfehlleistungen, mit denen wir uns so gern das Leben versauen. Die Neigung, sehenden Auges Fehler zu wiederholen (dämliche Beziehungsmuster, sinnlose Streitigkeiten, Feigheit, Stummheit, Schissertum), scheint inkurabel – mein Gott, man weiß es doch besser, warum macht man es dann nicht besser? Lieber kauft man das zehnte Selbsthilfebuch, das einem geduldig dasselbe erklärt wie die neun Bücher zuvor, die auch schon nichts geändert haben.

Andererseits liegt vielleicht genau darin der allergrößte Fehler: zu glauben, dass man irgendwann keine mehr macht. Ewige Irrtümer sind ebenso Charaktermörtel wie ewige Gewissheiten (und oft genug sind sie nicht von einander zu unterscheiden). Meine Leipzig-Schwäche ist ein Teil von mir, ebenso wie der inzwischen entspannte Umgang damit. Ich nehme es hin, dass ich an dieser Stelle blöd bin, ich ärgere mich nicht immer wieder aufs Neue. Dann ist es halt so, gewisse Dinge werde ich nie können, na und? Leibzig, *c'est moi*. Der einzige fatale Fehler, den ich machen könnte, wäre es, diese eine Frage nicht zu stellen: Ich weiß es nicht, weißt du es vielleicht?

Vergänglichkeit

Vor Kurzem habe ich im größten Hotel einer kleinen Stadt übernachtet. Es war eines, das man gern »erstes Haus am Platz« nennt, ein Ort für Rotariertreffen und Goldene Hochzeiten, die in Klemmbuchstaben an schwarzfilzenen Riffeltafeln verkündet werden (»Irma und Hermann: Rokokozimmer«). Ein schönes Hotel mit Frühstücksbüfett bis halb elf.

Im Durchgang zum Frühstücksbüfett hingen bestimmt 200 gerahmte Fotos von prominenten Gästen des Hotels, teils mit Autogramm, meist mit Hoteldirektor. Nach dem

Frühstück stand ich vor der Wand und studierte die Gesichter. (Zwischen halb elf und zwölf weiß ich nie was mit mir anzufangen, ich war also dankbar.) Harry Wijnfoord mit einem weißen Terrier unter dem Arm. Max Greger (erkannt am Saxophon). Das Basketballteam Bayer Giants Leverkusen (erkannt an einem Klebestreifen, auf dem das stand). Ottfried Fischer. Robin Gibb (†). Hans »Johnny« Klein, CSU-Minister im Kohl-Kabinett (†). Andrea Berg, ungeschminkt und melancholisch.

Eine Tanztruppe in roten Kleidern mit asymmetrischen Schlitzen. Die Harlem Globetrotters. Zwei dicke schwarze Damen (die Weather Girls?). Eine weitere dicke schwarze Dame (Gloria Gaynor?). Zwei entschlossen blondierte Männer (Brunner & Brunner?).

Je länger ich auf die Bilder starrte, desto melancholischer wurde ich. Fast so melancholisch wie Andrea Berg. Von den 200 Leuten und Gruppen, die mal so berühmt waren, dass der Hoteldirektor sie dringend gerahmt vor seinen Frühstücksraum hängen wollte, habe ich, wenn es hoch kam, gerade mal ein Fünftel erkannt, und das auch

nur, weil ich so steinalt bin. Den anderen Frühstücksgästen ging es ähnlich. »Das ist doch der Dings, der … na, sag schnell, du weißt schon.« – »Nee, kennichnich.«

Vollends erwischt hat mich dann das Bild einer alten Dame im Indianerkostüm. Ist das…? Könnte das…? Ja. Marie Versini, die in den Sechzigern Winnetous Schwester Nscho-Tschi spielte. Die Frau, die ich mit acht werden wollte, deren Haare und deren Lederklamotten ich haben wollte. Die 1965, 1966, 1967 und 1968 den Goldenen Otto von *Bravo* bekam und 1969 den silbernen und 1970 den bronzenen, und dann hörte man nichts mehr von ihr. Und da steht sie gebrechlich im Indianerkostüm und hält ihre Autobiografie in die Kamera: »Ich war Winnetous Schwester«. Entschuldigung, ich muss mal kurz mein Taschentuch…

Aber vielleicht irre ich mich auch, und die Fotowand erzählt eine ganz andere Geschichte. Die Weather Girls zum Beispiel: Von den zwei ursprünglichen Sängerinnen zog die eine nach Braunshardt bei Weiterstadt im Kreis Darmstadt-Dieburg und trat fortan mit ihrer Tochter als Weather Girls auf. Diese Tochter suchte sich nach dem Tod der Mutter eine neue Partnerin, mit der sie heute als Weather Girls tourt. Wer die zwei auf dem Foto sind: keine Ahnung. Aber bis zum Ende aller Zeiten wird es immer zwei schwarze dicke Damen namens Weather Girls geben und immer die Harlem Globetrotters. Irgendwie tröstlich.

Ach nee, ich bin doch lieber melancholisch.

Der 95-Jahres-Plan

Vor einiger Zeit veröffentlichte das *New York Times Magazine* eine wunderschöne Fotostrecke unter dem Titel »Alte Meister«. Es waren Porträts von Leuten in ihren Achtzigern und Neunzigern, darunter ein 85jähriger Ameisenexperte, ein 86jähriger Öl-Investor, der 85jährige Architekt Frank Gehry, die 92jährige Schauspielerin Betty White, die 81jährige Supreme-Court-Richterin Ruth Bader Ginsburg. Warum sie immer noch tun, was sie ihr Leben lang taten, darum ging es in den begleitenden Fragen. Was das Gute am Altern sei, wie ihr Rat an Jüngere laute (ein Dokumentarfilmer, 84: »Heiraten Sie reich«) – und warum keiner von ihnen auf die Idee gekommen sei, sich auf seinen Lorbeeren auszuruhen.

In einem Fall gab es lange Zeit gar keine Lorbeeren. Die 99jährige Malerin Carmen Herrera, deren minimalistische Werke im New Yorker Museum of Modern Art und in der Londoner Tate Gallery hängen, hat ihr erstes Bild mit 89 verkauft. Mit 89! Als sie 94 war, erschien ein Artikel über sie mit der Überschrift »The Hot New Thing in Painting«, englische Kritiker feierten sie als Entdeckung des Jahrzehnts – zu einem Zeitpunkt, als sie schon gut 70 Jahre malte. Was sie gedacht habe, als sie zum ersten Mal etwas verkauft hat? »Verdammt noch mal, das wird auch langsam Zeit.« Aber sie sagt auch: »Ohne kommerziellen Erfolg kann man tun, was man will. Das verschafft einem die Freiheit, in Ruhe zu arbeiten, ohne vom Kunstmarkt korrumpiert zu werden.« Das Foto zeigt ein zartes Vögelchen von Frau mit akkuratem silbergrauem Bob und konzentriertem Blick hinter einer großen Brille; mit knochigen Fingern bearbeitet sie sorgfältig ein geometrisches Farbfeld. Bis heute malt sie jeden Tag.

Mich rühren solche Geschichten immer sehr. Mich beeindrucken Menschen, die tun, was sie wollen, auch wenn niemand sonst will, was sie tun. Mit Eigensinn und der unbeirrbaren Überzeugung, auf dem richtigen Weg zu sein, nämlich dem einzigen, der für sie denkbar ist. »Ich male, weil ich muss«, sagt Carmen Herrera, »es ist meine Liebe zur geraden Linie, die mich weitermachen lässt.« Die Liebe zur geraden Linie! Wie einfach und wie schön.

Die meisten Leute würden vermutlich von sich behaupten, dass sie eine solche Liebe nicht gefunden haben und dass es schlicht zu spät für sie sei. Doch wie Herrera und die anderen Alten Meister zeigen, ist es erst dann vorbei, wenn es vorbei ist. Irgendwo las ich mal von einer spielerischen Methode, sich selbst über die Länge des eigenen Lebens klar zu werden und über die Erlaubnis, dieses Leben mit Plänen oder auch nur Träumen zu füllen: dem 95-Jahres-Plan. Man schreibt Jahreszahlen untereinander (in meinem Fall beginnend mit meiner Geburt 1960 und endend mit meinem angenommenen Tod 2055) und füllt die Jahre mit allem, was in ihnen passiert ist und was noch passieren wird oder sollte, es darf gern spinnert sein. 2017 Angkor Wat sehen, 2018 Roman schreiben, 2020 Haus am Meer kaufen (2019 überlegen, welches Meer), 2023 Ukulele-Konzert geben, 2026 verwundert Beginn der Rentenzahlung registrieren, 2027 eine Gärtnerlehre beginnen. Und so weiter. Es ist erstaunlich, wie viel Zeit man plötzlich hat, selbst wenn man so wie ich schon mehr hinter sich hat als vor sich. Richtig spannend wurde es, die Jahre 2040 bis 2055 zu füllen. Was würde dann noch möglich sein? Wozu wäre ich körperlich und geistig in der Lage? Ah pah – 2041 neue Dahliensorte züchten und sie nach Carmen Herrera benennen, 2042 erster Fallschirmsprung, 2043 zehnten Roman schreiben, 2044…

Spätestens dann werde ich meine eigene gerade Linie gefunden haben.

Textnachweis

Die vorliegenden Texte wurden zwischen 2009 und 2015 erstmals in folgenden Zeitschriften, denen ich herzlich für ihre freundliche Kooperation danke, veröffentlicht und für dieses Buch überarbeitet.

Cosmopolitan

Kompliment!; Junggesellinnen-Partys; Über die Schönheit als solche; Aufbrezeln; Unten drunter; Sex mit 40

Geo Saison

Über Badewannen in Hotelzimmern; Jetlag to go; Do not disturb; Kochsouvenirs; Urlaubslektüre; Mitnehmsel; Hier geht's lang: Über das Verirren; Spektakulär!

Myself

Das Loben der Anderen; Am Meer; Für viele kochen; Warum Geld glücklich macht I

Stern

Entzückend!; Unter die Räder gekommen; Gegen die Achtsamkeit; Die Hölle, das sind immer die anderen; Fahrradkorbmüll; Timing; Sylt. Ein neuer Versuch; Leben auf der Erbse; Schwänzen; Leben oder Gelebtwerden; Ist gerade ganz schlecht; Erst das Vergnügen, dann die Arbeit; Ich bin überhaupt nicht müde; Tempo!; Don't Yuck My Yum;

Mitbringsel; Kühlschrankcuisine I; Kühlschrankcuisine II; Entoptionalisierung; Die obligatorische Zahnpasta-Kolumne; Fressen & Moral; Steckerwahn; First World Problems; Warum Geld glücklich macht II; Osnabrück; Genauer betrachtet; Kaufmannsladen spielen; Über das Liegeradfahren; Auf der Damenwies'n; Über das Kreuzfahren; Spanx; Frauenkörper; Hightech-Training; Weniger müssen müssen; Edgar; Die Zwei-Minuten-Regel; Süchtig; Grün wird's nicht; Mupfel; Fehler; Vergänglichkeit; Der 95-Jahres-Plan

Süddeutsche Zeitung Magazin
Über männliche Unterarme; Wasser marsch: Über das Weinen im Kino; Über deutsches Bescheidwissertum; Immer zweimal mehr wie du; Kinderschlepper; Männerkörper; Nagellack; Oben drauf

Viva
Is mir egal, ich lass das jetzt so

Eine ungewöhnliche Reise durch die Metropolen dieser Welt

Annett Gröschner ist eine leidenschaftliche Sammlerin: Sie sammelt Lebensgeschichten, sie sammelt Alltag, und sie sammelt Städte. Ob in Alexandria, Kasan oder Peking – immer besteigt sie Bus oder Straßenbahn der Linie 4, denn die fährt in Bezirke, die den wahren Charakter der Stadt enthüllen. In ihrem Fahrtenbuch erzählt sie von ihren Begegnungen: In der 4 in Tartu wird viel geküsst; in Tel Aviv sitzt sie neben einer jungen Soldatin, deren Gewehr ihr an die Hüfte drückt. Über das Heute dringt Annett Gröschner in das Gestern vor und verknüpft souverän Geschichte mit Politik, Architektur- mit Literaturgeschichte, Abenteuer mit Lebensphilosophie – unprätentiös und poetisch, warmherzig und lustmachend.

PENGUIN VERLAG

Vorsicht: Hier gibt's Muskelkater vom Dauergrinsen

Die Comedienne Katinka Buddenkotte ist ein Film- und Fernsehprofi. Von der Couch aus. Seit frühester Kindheit fernsehbegeistert hat sie allen Unkenrufen zum Trotz dabei viel fürs Leben gelernt. Zum Beispiel, dass Schauspieler mit Ketchup gefüllt sind und man Erwachsenen eher die peinliche Knutscherei verzeiht, wenn dabei gute Hintergrundmusik läuft. Vom Bildschirm und der Leinwand nimmt sie stets wertvolle Erkenntnisse mit in die dreidimensionale Welt, die man Leben nennt. Witzig, pointiert, frech und doch wunderbar tiefsinnig – in diesen Geschichten zeigt sich Buddenkotte at her best!

PENGUIN VERLAG